"通古察今"系列丛书

从唐太宗到唐德宗
——对若干历史问题的思考

宁欣 著

河南人民出版社

图书在版编目(CIP)数据

从唐太宗到唐德宗：对若干历史问题的思考 / 宁欣著. — 郑州：河南人民出版社, 2019.12(2025.4重印)
("通古察今"系列丛书)
ISBN 978-7-215-11955-0

Ⅰ. ①从… Ⅱ. ①宁… Ⅲ. ①中国历史-研究-隋唐时代 Ⅳ. ①K240.7

中国版本图书馆 CIP 数据核字(2019)第 270813 号

河南人民出版社 出版发行
(地址：郑州市郑东新区祥盛街 27 号 邮政编码：450016 电话：0371-65788077)
新华书店经销　　　环球东方(北京)印务有限公司印刷
开本　787mm×1092mm　　1/32　　印张　4
字数　56 千
2019 年 12 月第 1 版　　　　2025 年 4 月第 4 次印刷

定价：48.00 元

"通古察今"系列丛书编辑委员会

顾　问　刘家和　瞿林东　郑师渠　晁福林
主　任　杨共乐
副主任　李　帆
委　员（按姓氏拼音排序）

　　安　然　陈　涛　董立河　杜水生　郭家宏
　　侯树栋　黄国辉　姜海军　李　渊　刘林海
　　罗新慧　毛瑞方　宁　欣　庞冠群　吴　琼
　　张　皓　张建华　张　升　张　越　赵　贞
　　郑　林　周文玖

序　言

在北京师范大学的百余年发展历程中，历史学科始终占有重要地位。经过几代人的不懈努力，今天的北京师范大学历史学院业已成为史学研究的重要基地，是国家首批博士学位一级学科授予权单位，拥有国家重点学科、博士后流动站、教育部人文社会科学重点研究基地等一系列学术平台，综合实力居全国高校历史学科前列。目前被列入国家一流大学一流学科建设行列，正在向世界一流学科迈进。在教学方面，历史学院的课程改革、教材编纂、教书育人，都取得了显著的成绩，曾荣获国家教学改革成果一等奖。在科学研究方面，同样取得了令人瞩目的成就，在出版了由白寿彝教授任总主编、被学术界誉为"20世纪中国史学的压轴之作"的多卷本《中国通史》后，一批底蕴深厚、质量高超的学术论著相继问世，如八卷本《中国文化发展史》、二十卷本"中国古代社会和政治研究丛书"、三卷本《清代理学史》、五卷本《历史文化认同与中国统一多民族国家》、二十三卷本《陈垣全集》，以及《历史视野下的中华民族精神》《中西古代历史、史学与理论比较研究》《上博简〈诗论〉研究》等,这些著作皆声誉卓著,在学界产生较大影响,得到同行普遍好评。

除上述著作外,历史学院的教师们潜心学术,以探索精神攻关,又陆续取得了众多具有原创性的成果,在历史学各分支学科的研究上连创佳绩,始终处在学科前沿。为了集中展示历史学院的这些探索性成果,我们组织编写了这套"通古察今"系列丛书。丛书所收著作多以问题为导向,集中解决古今中外历史上值得关注的重要学术问题,篇幅虽小,然问题意识明显,学术视野尤为开阔。希冀它的出版,在促进北京师范大学历史学科更好发展的同时,为学术界乃至全社会贡献一批真正立得住的学术佳作。

当然,作为探索性的系列丛书,不成熟乃至疏漏之处在所难免,还望学界同人不吝赐教。

北京师范大学历史学院
北京师范大学史学理论与史学史研究中心
北京师范大学"通古察今"系列丛书编辑委员会
2019 年 1 月

目 录

一、隋唐时期的世界与中国 \ 1

（一）同时期欧洲历史发展概况 \ 1

（二）同时期亚洲历史发展概况 \ 3

（三）隋唐时期中国与世界的联系与交流 \ 7

二、昔日王谢堂前燕，飞入寻常百姓家 \ 11
　　——中国社会阶层的大变动

（一）《贞观氏族志》与《姓氏录》的历史作用 \ 11

（二）科举制与社会阶层的纵向流动 \ 19

（三）走向五代 \ 31

（四）唐、五代、宋初的城市社会各阶层 \ 44

三、东北硝烟动地来 \ 53
——唐玄宗时期东北亚格局之变迁

（一）环伺中原王朝的地缘与民族格局 \ 54

（二）中心和重心的转移 \ 56

（三）隋唐时期格局的变化 \ 67

（四）改变历史走向的安史之乱 \ 71

（五）经济重心及其变化 \ 76

四、不收汝间架 \ 81
——唐德宗时期不可逆转的财政体系变动之大趋势

（一）新举措的缘由与内容 \ 82

（二）财政新举措与泾原兵变 \ 93

（三）豪族与豪家是指哪些人 \ 94

（四）寻租与争利 \ 102

（五）新举措中的新趋势 \ 109

结　语 \ 111

参考文献 \ 112

后　记 \ 119

一、隋唐时期的世界与中国

隋唐时期，中国是当时世界上社会发展水平最高、国力最强盛、文化最发达的国家。因而，中国在当时的世界历史上占有崇高的地位，放射着灿烂的光彩。

(一) 同时期欧洲历史发展概况

这个时期，旧大陆的其他地区，东起日本、西迄西欧的欧亚大陆，以及非洲北部地区，各个国家的社会发展远远落后于中国。在西欧，5世纪后期，西罗马帝国灭亡，标志着奴隶制的崩溃和封建化的开始。日耳曼民族在西罗马帝国的废墟上建立了一系列新兴的封建国家，如东哥特、西哥特、汪达尔、勃艮第、法兰克及不列颠岛上的盎格鲁－萨克逊等国；西欧处于封建割据和分裂的状态。在经济上，生产力水平不高，铁器稀少，木质生产工具流行，森林覆盖面积广，耕地面积小，人口稀少。因而西欧农业落后，粮食产量低，一般是种子的1.5—2倍，而唐朝的粮食年产量则一般是种子的20—40倍，甚至高达百倍。由于农业落后，西欧农民不得不以渔猎和畜牧作为生产的重要内容。在自然经济占统治地位的情况下，商业不发达，几乎没有城市。西欧这种落后的状况，随着封建化的不断深入和完成，一直到公元11世纪才开始有明显的转机。

拜占庭帝国（即东罗马帝国）的版图，包括巴尔干半岛、小亚细亚、叙利亚、巴勒斯坦、两河流域以及埃及等地，幅员广大，经济发达。由于拜占庭占据的地方，多数是已经形成独特社会经济制度的古代东方文明发祥地，它的奴隶制并不像西罗马帝国那样充分发展。农业劳动集中，奴隶极少，隶农、佃农及自由农民占大多数，因而农业一直繁荣，手工业和商业也相应发达，其首都君士坦丁堡扼黑海出海口，是欧亚交通的枢纽，人口众多，商业繁荣，城市建筑壮丽辉煌。但其繁荣富强的程度仍然无法与唐王朝相比，而且，到7世纪时，由于阿拉伯国家从东部、斯拉夫人从北部不断对其进攻侵扰，拜占庭帝国很快衰落下去。

欧洲的东部和北部要比西欧更为落后，社会经济的发展程度也极低。

（二）同时期亚洲历史发展概况

在西亚，7世纪之后，出现了阿拉伯人建立的帝国，中国称之为"大食"。大食是当时西方势力最强大、经济最发展、文化最繁荣的国家。它横跨亚、非、欧三大洲，东起帕米尔高原及印度河，西迄西班牙。大食帝国的兴起是和伊斯兰教的创立和发展密切相关的。伊斯兰教的创立者穆罕默德（公元570—632年）是一位杰出的宗教领袖，他主张奉安拉为唯一的真神，创立了自己的宗教理论及祈祷、斋戒等各种仪式，信徒称为穆斯林。穆罕默德利用伊斯兰教，组织群众，进行圣战，建立了统一的国家。大食帝国在和拜占庭帝国及萨珊波斯的战争中，疆域迅速扩张。8世纪中期到9世纪中期是大食帝国经济最发达的时期,国力强盛,文化繁荣,在阿拔斯王朝著名的哈里发哈伦·赖世德(公元786—809年在位)统治时期,达到鼎盛。从7世纪后半期起,唐王朝与大食的交往日益频繁。玄宗时(公元626—649年在位),"华夏、吐蕃、大食三大民族皆称盛强"[1],因而,也必然要发生矛盾冲突。751年,唐朝将领高仙芝对中亚石国(今乌兹别克塔什干一带)用兵,石国求援于大食,大食派吉雅德·本·萨利赫(Ziyad b. Salih)东来,两国在中亚怛逻斯城(今哈萨克江布尔城附近)会战,高仙芝军队因葛逻禄部众临阵倒戈而失败。从此,唐朝军队退出中亚,退到今新疆一带,中亚为阿拉伯人所控制。在这次战争中,大食掳走大量中国俘虏,其中有织匠、金银匠、画匠等,中国各种工艺因而得以西传。其中,由于中国造纸匠人的被俘,造纸技术被传播到西方,对中外文化交流产生了深远的影响,对保存和发展古代文化,促进东西方经济文化的交流做出了重大贡献。但大食帝国的强大,也仅仅保持了一个世纪,到9世

---

[1] 陈寅恪:《唐代政治史述论稿》,生活·读书·新知三联书店,1956年,第135—136页。

纪中叶，由于统治阶级的内部纷争及农民起义，大食帝国迅速分裂，最终分裂成以中东的巴格达为中心和以西班牙的科尔多瓦为中心的两个国家。到10世纪时，以巴格达为中心的阿拉伯帝国境内，出现了许多独立的小王朝，互相混战，互相兼并，实际已分崩离析了。

在南亚次大陆的印度，4世纪时有强大的笈多王朝，一度基本上统一了北印度，并把势力伸向南印度，当时是印度古代史上经济兴盛、文化昌明的时代。但是，从5世纪后半期开始，由于游牧民族嚈哒人的入侵，笈多王朝陷入分裂混战之中，出现了许多独立的小国，有东、西、南、北、中五天竺，其中，最强大的是戒日王（公元606—647年在位）时代的北天竺，都城为曲女城。玄奘取经至印度就在此时。戒日王占领了北印度不少地方，成为当时的霸主。戒日王逝世后不久，他的国家也就衰落瓦解了，北印度长期陷入分裂混乱之中。6至10世纪，印度的种姓制度进一步得到巩固、完善，原来最早在印度形成并蓬勃发展的佛教这时却逐渐衰落，由佛教与婆罗门教相结合而成的印度教则逐渐兴起，迅速发展。当佛教在自己的故乡衰落时，从印度传入中国的佛教却在隋唐时期达到了兴盛的高峰。中国代替印度成为佛教的中心。10世纪中叶以后，来自今天阿富汗的信奉伊斯兰教的突厥人不断侵入印度，建立了伊斯兰教的封建国家，使印度的历史发生了新的变化。

中国东边的朝鲜半岛，当时处于高句丽、百济、新罗三国并立的时代，其中，新罗社会经济发展很快，到6世纪时，普遍使用铁制农具，牛耕代替了人力拉犁，农业生产有了较大的发展。7世纪中叶，在唐朝的支持下，新罗完成统一三国的任务，结束了分裂局面。但到9世纪时，由于新罗统治阶级内部纷争不断，政治腐败，贿赂公行，人民不断起义，朝鲜半岛又重新出现了三国鼎立的局面。10世纪，高丽王朝统一三国，成为朝鲜半岛的主人。

东亚的日本原来处于氏族制，社会相当落后。7世纪初，开始与中国交流，公元646年的大化革新，是日本社会迅速发展的标志。日本曾多次派出遣唐使、留学生、学问僧到唐朝学习先进的文化，把唐朝的各种制度，甚至包括服饰、城市建筑规划移植到日本，如大化革新颁布的班田制度，就是仿照唐朝的均田制制定的。日本确立中央集权的国家制度，仿唐制设立了中央、地方机构和官职。大宝元年（公元701年，唐武则天大足元年）修成的《大宝律令》，以法典的形式把各项改革的措施肯定下来。《大宝律令》就是依照唐律制定的。日本都城奈良也是依照长安建筑的。正是在唐朝高度发展的经济文化影响下，日本社会步入了文明国家的行列。

由此可见，在隋唐五代时期，世界上多数文明国家，如西欧、拜占庭、印度、朝鲜、日本等国家，经济和文化的发展程度都较低。阿拉伯人建立的大食帝国是可以和唐朝抗衡的大国，但它也就强盛了一个世纪多一点，就分崩离析了。当时，只有中国是保持长期统一的大国，中国几千年的古老经济文化在这段时期继续得到高度的发展，成为当时世界上经济文化最先进的国家。

（三）隋唐时期中国与世界的联系与交流

隋唐时期，中国和世界的联系进一步加强。汉朝时，中外直接交往主要靠陆路，汉武帝（公元前141—前87年在位）时张骞出使西域，开辟了被称为

"丝绸之路"的国际通道，通往中亚、西亚、印度。东汉永元九年（公元97年），班超派甘英出使大秦，甘英到达条支国（今波斯湾北部），临海欲渡，为安息人所阻而还，这是西行最远的一次。而隋唐时，中国通过丝绸之路与中亚乃至开罗、北非沿岸和伊比利亚半岛的广大地区建立了广泛的经济、文化联系。唐代海路的对外交通有很大的发展，通过海路与日本、朝鲜、南洋群岛、印度支那半岛乃至非洲都建立了联系，形成了唐前期陆上丝路与海上丝路并举的对外交通格局。唐中叶以后，由于吐蕃入据河西、陇右，中西陆上丝路受阻，而随着经济重心的南移，由东南沿海通过海路与各国的交流加强。沿海的明州、温州、福州、泉州、潮州、广州、交州成为新兴的外贸港口城市，特别是广州，各国商船云集，商品荟萃，在此定居的外国侨民众多，堪称当时国际贸易的第一大港。唐代对外联系空前发展，唐朝与各国之间外交使臣、商人来往不绝。商队的马匹和骆驼沿丝绸之路西去，过帕米尔山口，越中亚沙漠，辛苦跋涉。满载货物的商船在南中国海和印度洋上扬帆远航。唐后期，海路对外交通的重要性远远超过陆路。

一、隋唐时期的世界与中国

在频繁的对外交流中,唐王朝推行兼收并蓄、广采博取的开明文化政策,在音乐、舞蹈、绘画、雕塑、天文、历法、医学等领域,以及金银器制造、玻璃、制糖等手工业技术方面都广泛吸收了外国文化的有益影响,从而创造了绚丽多彩的唐代文明。由于唐朝是当时文明水平最高的国家,唐文化也给予其他国家,特别是周边国家深刻的影响。中国的丝绸、瓷器、造纸术、印刷术西传促进了中亚、西亚乃至欧洲文化的发展,唐文化对东亚、东南亚诸国的影响尤其明显,日本、朝鲜等国的历史发展都深受唐文化的影响。隋唐五代时期的中国成为当时亚洲的中心,也是世界的中心地区之一。在唐朝都城长安的100多万人口中,有不少来自大食(阿拉伯帝国)、波斯(伊朗)、天竺(印度)、日本、朝鲜等国的人。他们有的是政治文化使节,有的是留学生或学问僧,更多的是商人。在长安城的外国人,有的做官,有的学习,有的买卖丝绸、珠宝,有的举放高利贷,还有的开食品店或酒店。他们住在长安,"久者,或四十余年,皆有妻子,买田宅"[1]。唐

---

[1] 〔宋〕司马光:《资治通鉴》卷二三二"德宗贞元三年(公元787年)八月"条,中华书局,1956年,第7493页。

王朝也充分尊重他们的风俗习惯和宗教信仰，长安城里除佛教寺院外，还有祆教、摩尼教、景教等宗教的寺庙。长安成为一座名副其实的国际都会。可以说，中国是当时世界经济文化交流的中心，给世界历史，特别是亚洲历史以深远的影响，占有特别辉煌的地位。

二、昔日王谢堂前燕，飞入寻常百姓家

——中国社会阶层的大变动

中国历史上虽然有一个相当稳定的社会结构，但是自魏晋南北朝到隋唐，社会发生了重大变化，即中国社会阶层——社会结构发生了变化。

（一）《贞观氏族志》与《姓氏录》的历史作用

《贞观氏族志》是唐太宗（公元626—649年在位）时期用于排定士族序位的官修谱牒，《姓氏录》是武则天时期重修的官方谱牒。谱牒的前后两次的修订，正处于社会阶层大变动的关键时期。经魏晋南北朝时期，

居于主导地位的新老门阀士族逐渐淡出历史舞台，相对封闭和凝固的社会等级结构被打破，过去门阀士族拥有政治仕途上的垄断特权，正所谓"平流进取，坐至公卿"[1]，经济上的大土地所有制，拥有着大量不受国家管理和控制的依附人口，通过婚姻、文化等，形成封闭型的社会等级和结构。

唐朝著名诗人和政治家刘禹锡的《乌衣巷》："朱雀桥边野草花，乌衣巷口夕阳斜。旧时王谢堂前燕，飞入寻常百姓家。"可以给我们很多启发。乌衣巷是六朝古都南京的一个地名，乌衣巷曾经住着很多世家大族，最著名的是王家和谢家，朱雀门、朱雀道是当时都城宫城主要的门，南边的门和道，当时很重要。但诗人目睹了曾经车水马龙的朱雀桥边已经野草丛生，乌衣巷口夕阳斜，当时居住在乌衣巷的王公贵族喧嚣繁盛，这时只看到一抹斜阳，凄凉而落寞。因此，旧时王谢豪宅堂前的燕子，现在飞入的已经是寻常百姓的家了。这反映了社会发生了巨大的变化。取代了曹魏的是司马氏，建立了西晋，著名的是晋武帝（公元

---

[1]〔南朝梁〕萧子显：《南齐书》卷二三《王俭传》"史臣曰"，中华书局，1972年，第438页

二、昔日王谢堂前燕，飞入寻常百姓家

265—290年在位），曾经实现了短暂的统一。后来由于西晋末年王公贵族互相攻杀，还与陆续进入中原的各少数民族又勾结又争斗，酿成了"永嘉之乱"，皇族司马睿被迫南下建立了东晋政权。东晋是靠世家大族的支持才得以建立。门阀士族和普通的庶族之间差别很大，门阀士族通过经济上控制大量的土地，控制大量的人口，还通过婚姻固结社会地位。我们现在所说的"门当户对"，就是源自魏晋南北朝时期强调婚姻关系的门第背景。在魏晋南北朝门阀占统治地位，重视谱牒的修订，士族也分为几个等级。如果是王姓，是不是一等士族、甲等士族，与地缘有关。如琅琊王氏就是一等士族。如姓崔的也是大族，清河崔氏。后来形成的五姓七族，都属于这一时期公认的高门。

当进入到隋唐时期，刘禹锡看到的已经是"旧时王谢堂前燕，飞入寻常百姓家"，社会已经发生了翻天覆地的变化，门阀士族衰落，新官僚士族兴起。

唐初，主要有三大集团，一是关陇集团，即西北关中军事集团，是隋朝和唐朝两大统治集团依靠的主要力量，建立隋朝的杨氏和建立唐朝的李氏都是关陇集团核心的家族，西魏、北周、隋、唐都占据统治地

位。第二是山东士族，这个山东不是我们今天的山东省的概念，山东就是整个东西轴心时代，以函谷关或者崤关为界限，太行山东西，有关东、关西之称。山东地区历史悠久，文化底蕴丰厚，也称关东，包括河南、河北、山东、山西等。魏晋南北朝时期，山东（包括山东、河北、河南地区）门阀士族逐步形成，世家大族，如清河崔氏，琅琊王氏（拥戴东晋政权的王导、王敦，以及大书法家王羲之、王献之的家族），琅琊颜氏（颜真卿家族）等。因此山东士族是必须要团结和依靠的力量。唐太宗在这方面还是处理得比较好的，照顾到了各个大族的利益。第三是江南士族，虽然门阀士族已经衰落，而且江南士族衰落得更早，但大的士族还保有一定的社会名望和社会力量。辅佐东晋政权的王、谢两家，还有著名的袁、萧、朱、张、顾、陆等八大姓，都属于江南士族。

唐太宗在用人的时候不拘一格，比如马周就是直接从布衣提拔上来的。唐太宗有一个武将叫常何，上给皇帝的表写得挺好，太宗说你不认识几个字，怎么表写得这么好？常何回答说是我的一个门客马周替我写的，唐太宗马上召见了马周，迅速提拔。唐太宗用

二、昔日王谢堂前燕,飞入寻常百姓家

人不计前嫌,魏征以前是太子李建成的旧臣,忠心耿耿追随李建成,他告诉李建成不杀掉李世民的话,迟早是大患。玄武门之变后,唐太宗杀掉太子建成,得到皇位,提拔重用魏征,使他成为贞观名相甚至可称为历史上第一名相。魏征去世后,唐太宗痛感失去魏征,曾经说过:"以铜为镜,可以正衣冠;以史为镜,可以知兴替;以人为镜,可以明得失……魏征殂逝,遂亡一镜矣。"[1] 另外唐太宗可以统筹兼顾,唐太宗在还没有继位的时候,秦王府武将如雨,谋臣如云,继位之后,更是广揽天下英才。敌方的臣僚,比如魏征、王圭等,或原来属于其他武装集团的人,比如王世充的旧部,还有农民起义军的这些将领,也有收编过来的,比如像李勣(即徐茂公)、秦琼跟了李密又跟了王世充,都被唐太宗收编,成为他的部下。还有像马周这样的贫寒出身的。另外隋唐两朝的政权还有一个特点,有很多少数民族的文臣武将,主要是西北和北方地区的民族。

确定皇权为主导、以"当朝官爵定高下"的社会

---

[1] 〔唐〕吴兢撰,谢保成集校:《贞观政要集校》卷二《任贤第三》,中华书局,2009年,第63页。

等级模式，于是有修《贞观氏族志》之举。而恰恰是《贞观氏族志》开启了推重当朝冠冕的原则。

《贞观氏族志》，是唐太宗时期为排定士族序位的官修谱牒。经过南北朝后期的动荡，魏晋以来形成的门阀士族（山东著姓，这里指太行山以东）已经衰落，在经济上，新兴的士族和军功贵族，以及普通地主已经崛起；政治上，南北朝时期的君主也都非旧门阀，隋唐时期的改朝换代，加剧了门阀士族在政治上和社会地位上的进一步沦落。但他们仍以门第自矜，崔、卢、李、郑、王等旧时大族彼此互结婚姻，自视高贵，社会上仍然存在着崇尚旧门第之风。如果高门嫁女于一般族姓，往往多求聘财。甚至公主下嫁崔氏也遭到百般推托。唐太宗决心改变这种不利于李唐王朝统治的现象，于是诏吏部尚书高士廉、御史大夫韦挺、中书侍郎岑文本、礼部侍郎令狐德棻，以及各地谙练族姓的文人，在全国普遍搜求谱牒，参照史传辨别真伪，评定各姓等第。但他们仍将山东著姓崔民干（出身四姓之一的黄门侍郎）列入第一等。唐太宗阅后非常不满意，认为李氏君临天下，完成统一大业，士族排定不应再以崔、卢、王、谢为重，应当重当朝冠

二、昔日王谢堂前燕，飞入寻常百姓家

冕，根据当朝官职的高下确定等第。于是高士廉等依照唐太宗的旨意重新修订，贞观十二年（公元638年）成书，共收录二百九十三姓，一千六百五十一家，分为九等，颁于天下。在新修的《氏族志》中，李氏为第一等，外戚为第二等，崔氏降为第三等。虽然《贞观氏族志》贬抑门阀士族，但在肯定氏族高卑、士庶有别的前提下，以当代官爵作为升降主要标准，改定氏族等第，实质上是建立以李氏皇室为首，以唐朝功臣（包括传统的关陇门阀和新贵）为核心的士族等第，以取代南北朝时期的旧门阀体系。这对于巩固新统一王朝的统治具有一定的作用。有人认为，由于崇尚旧族望的习惯势力根深蒂固，太宗时期的功臣新贵房玄龄、魏征及李勣等人，仍然力求与山东氏族联姻，《氏族志》所能起的实际作用是有限的。但如果我们将眼光放到更长远的历史时段，或许《贞观氏族志》的近期效果不一定明显，却是帝王直接干预士族排名榜的重要举措，从这点看，意义深远而重大。

武则天（公元690—705年在位）时修订《姓氏录》，采取改变社会结构和更新统治阶级结构的措施。贞观年间修《氏族志》，原则是"止取今日官爵高下作

等级"。但实际上是把李氏提为一等,后族为第二等,把原来高居第一的崔氏降为三等,然后,考证天下谱牒,依次排列等级,虽然还是以家世渊源深厚的旧士族为主,但毕竟颠覆了以往约定俗成的序列。《姓氏录》则完全颠覆了以往门阀士族约定俗成的标准,以国家颁定的士族等级为标准,由国家根据现任官职的品级确定等级,仍分九等。"皇朝得五品官者,皆升士流",士族们目为"勋格",纷纷抵制。参与制定的李义府上奏焚烧天下《氏族志》,强行推行《姓氏录》。但此后,门阀余绪仍持续,一些人还是依托附会大族,如李义府也妄称赵郡李。虽然规定一些大姓门户不得自为婚姻,不得接受陪门财,但这些大姓采取各种方式抵制,或秘密结亲,将女儿送入夫家,或女老不嫁,终不与异姓婚。但这不过是强弩之末,五代时,时代风气已经是"取士不问家世,婚姻不问阀阅"[1]了。

与《贞观氏族志》和《姓氏录》同步,隋朝确立的科举制在唐朝得到了进一步发展。

---

[1] 〔宋〕郑樵:《通志二十略》氏族略第一《氏族序》,中华书局,1995年,第1页。

（二）科举制与社会阶层的纵向流动

唐朝的统治基本稳定以后，选拔人才就逐渐制度化。隋唐对中国历史进程的大的贡献就是确立科举制度。为什么科举制度确立于隋唐，而且成为一千多年以来主导的选官方式？中学课本里有标准答案，说科举制确立以后，扩大了统治基础；给封建政权注入了生机与活力；有利于形成高素质的文官队伍；等等。但是更重要的是，科举制是促进社会流动的重要制度，它反映了社会流动在当时已经成为大的历史趋势。我们可以回顾一下历史发展大趋势的一个重要变化，即社会阶层的变化，原来相对封闭的社会等级和结构已经逐渐崩溃，代之而起的是社会阶层的流动逐渐频繁，上下对流加速这样一个大的环境。这样一个大的背景，如果从经济基础来讲的话，过去封闭的大地主所有制，逐渐走向自由租赁制，土地所有权转换频繁。土地所有权是中国历史上的重要问题，反映着社会变化。隋唐以后的地主经济，土地所有权的转换是比较频繁的。尤其到宋以后，国家不再限制土地兼并，不再给土地制度订立管理条例，土地所有权的转换逐渐频繁，表现在土地买卖已经放开。

由葛优主演的电影《活着》，刚一开始的场面是，葛优演一个拥有豪宅和大片良田的富家子弟福贵，生活优渥，但不幸沾染上了赌博的恶习，后来就掉进龙二串通其他人做的圈套里，他的大房子和土地全部输光，自己则被赶了出去。流落在外，先被国民党给抓走了，后来被解放，到共产党的军队，给解放军演皮影戏。在家乡进行土改的时候，他拿着一封介绍信，刚一回家，看到的场面就是正在斗争恶霸地主，他在马路边上看热闹。一个人被五花大绑，原来就是在赌博当中福贵把房子和土地都输给他的那个龙二。他已经被定性为恶霸，正要押赴刑场，而葛优扮演的福贵已经成为参加革命工作的同志，两个人竟因一场赌博使其土地所有权发生了转换，在革命的背景下，其命运发生了惊天逆转。这就是中国社会地主阶级或者地主土地所有权的真实表现。在这个大的背景下，这是土地所有权在没有国家控制和限制的情况下，自由转换的一个最好的案例，社会阶层也随之变化。原本的富家子弟，后来因各类原因其社会阶层归属情况发

二、昔日王谢堂前燕，飞入寻常百姓家

生了变化，比如中国式的分家传统，一个地主本来有一千亩土地，八个儿子一分每人才一百多亩地，大地主变成中地主了，如果再往下一代分，中地主又会变成小地主。土地所有权转换频繁，加剧了社会阶层的上下流动。魏晋南北朝的时候，门阀士族逐渐占据统治地位，形成大土地所有制，土地所有权是相对封闭的，附着在土地上的劳动力也是封闭的，存在着浓厚的依附关系。当土地所有权转换频繁，社会阶层上下流动加剧的时候，上层建筑这个层面就会反映出来，科举制恰恰反映了这样一个变化。使得有一定经济实力，并且在此基础上取得了较高的文化素养的人，可以通过科举制，走进统治集团，走进官僚队伍，甚至可以上升到高层，这就是科举制的意义。

在科举制之前，汉朝实行察举制，分配给各州郡名额，各州郡必须定期向中央推荐人才，这样的人才推荐上去，中央是一定要给官的，有的成为候补官。魏晋南北朝实行的九品中正制，则是由中央委任的大中正来品评各地方的士人，再由中央根据他们的才能授官。最后这两种制度都成为豪强官僚、门阀士族垄断仕途的工具。如果是大族，小孩生下来以后，就自

然被评为高品,社会结构是相对凝固的。而科举制不同,科举制的中心环节是考试,科举制的两个最重要的特征,一个是可以自由报考,可以拿着自己的履历即简历到州县报名。在察举制的时候不可能,如果是高品大族子弟,不管有没有能力,有没有文才,都可以获得秘书郎或著作郎这样的清散职位,正如谚语所云"上车不落则著作,体中何如则秘书"[1]。另一个特征是考试是中心环节。但唐朝还处于科举考试制度的初级阶段,舆论的影响,主考官的好恶,权贵的干预都会影响录取结果,这是主观因素。唐太宗时期,考功员外郎王师明知贡举,张昌龄、王公谨应进士举,二人"并有俊才,声振京邑",却遭黜落,不但"举朝不知所以",太宗亦怪而召师明问之,师明答曰:"此辈诚有词华,然其体轻薄,文章浮艳,必不成令器。臣若擢之,恐后生相仿效,有变陛下风雅。"[2] 当年参加科举考试,大家认为这两个人必然会被录取,但他们还是落选了。当时的进士科和明经科是最主要的两科,

---

[1] 〔北齐〕颜之推撰,王利器集解:《颜氏家训集解》卷三《勉学第八》(增补本),中华书局,1993年,第148页。

[2] 〔唐〕杜佑:《通典》卷一七《选举五》,中华书局,1988年,第402页。

二、昔日王谢堂前燕，飞入寻常百姓家

那年的主考官认为进士科追逐浮华，要抑制这种浮华之风，扭转社会不良风气，于是有意不予录取，唐太宗对此也没有办法。再如，白居易16岁的时候到长安，一点名气都没有，他去拜访名士权贵，希望通过他们的引荐来提高声誉，将自己的作品投到当时的名士顾况那里，顾况看名片，认为不过是无名小卒，不以为意，调侃说："长安米贵，居大不易。"及读至《赋得古原草送别》"野火烧不尽，春风吹又生"，曰："有句如此，居亦何难？"[1] 主动推荐。还有一个是大诗人陈子昂，《登幽州台歌》所谓"前不见古人，后不见来者"[2] 就是他写的。陈子昂虽然才华横溢，但到长安却得不到赏识，也找不到人推荐，他偶然在市场上买到一把名贵的古琴，于是邀请众人到寓所听他演奏。第二天果然来了很多人，其中不乏文人名士，但他当即将古琴摔在地上，大家诧异之际，他慷慨陈词：我自幼苦读诗书，经史子集无不烂熟于心，诗歌辞赋无不精通，

---

[1] 〔宋〕阮阅：《诗话总龟前集》卷四《称赏门》，人民文学出版社，1987年，第39页。
[2] 〔元〕辛文房撰，周绍良笺证：《唐才子传笺证》卷一《陈子昂》，中华书局，2010年，第93页。

弹琴只是雕虫小技，不过借此向大家展示我真正的才华。于是，取出多年来创作的诗文分送给大家，果然受到众人的称赞，在京城文人名士群中声名鹊起，终于获得提拔。这些都说明，有无名声和推荐对录取与否还是会起很大的作用。

科举制考试在初期阶段，受外在的主观因素影响非常大，还受到权贵的干扰。科举为什么后来受到朝野的追捧？受到社会的推崇？成为此后历朝选拔人才占主导地位的选官制度？因为科举制重视考生的才能。中国历史小说或者戏剧，有一个永恒的主题，就是才子佳人。才子当然并不产生于隋唐，但是真正把才子作为主要人物，是在科举制确立以后。秦汉时期占主导地位的选官制度是察举制，主要强调人的品行，贤良方正、孝悌力田等都是主要的察举科目。随着士族门阀的形成，实际上后来演变为重家世。实行科举制后才能真正受到重视。科举制，主要考三个方面的内容，一个是策论，即针对国家大事、有关国计民生的重要问题，考生要发表自己的观点。比如今年遭了蝗灾，政府应如何救灾；突厥进犯，应如何抵御等。考生要通过策论阐述自己的观点，提出解决的方法。

二、昔日王谢堂前燕，飞入寻常百姓家

第二个内容是经义，考查对经典著作的熟悉程度，需要解释经义，但是不能发挥。第三个内容是诗赋，而诗赋恰恰最能体现人的才华，当然流传千古的名句都不是在考场上写出来的。科举突出以才能为标准，考试为中心环节的选拔原则，提高了官僚队伍的文化素养，促进了社会发展，因此隋唐时期包括唐太宗的大力推行科举，重视科举，表明了这个时候的社会流动在加速，唐太宗推动科举制进一步确立和完善的政策，适应了这种社会流动。应该说他感觉到了这种社会流动，适应了这种社会流动，因此，科举制才成为他扩大统治基础的重要施政措施。

有一个著名的大臣叫薛元超，平生有三恨（三件憾事），"始不以进士擢第、不娶五姓女、不得修国史"[1]。首先是未能以进士擢第，其次是未娶五姓女（五姓即当时的李、崔、王、郑、卢五大士族），再次是未能修国史，因为修国史当时一般是宰相主持，很荣耀。唐太宗的时候，修《贞观氏族志》，大臣们在编好呈上时，太宗一看，崔氏还是按老规矩排在第一，唐太宗

---

[1] 〔宋〕王谠撰，周勋初校证：《唐语林校证》卷八《企羡》，中华书局，1987年，第384页。

说不行，李氏家族打下天下，崔氏是已经衰落的士族，凭什么排在第一，重修。于是李氏排到了第一。到武则天的时候又重修，名为《姓氏录》，又重新排定氏族位次，这次武氏排到了第一，李氏排到了第二，说明魏晋南北朝以来的门阀士族虽然已经衰落，但社会影响力依然存在。因此唐太宗的原则就是"以当朝官爵定高下"，打破士族门阀在社会地位上的垄断。薛元超的第三恨是恨不得修国史，当时宰相领衔修国史是一件很荣耀的事，但他没有获此殊荣，因此也抱憾终身。[1]

如刘虚白，参加科举考试多年而一直未中第，再次进考场时，一看主考官是当年初进考场时和他同考场的裴坦，已经当上主考官了，感慨万分写了一首诗，"二十年前此夜中，一般灯烛一般风。不知岁月能多少，犹著麻衣待至公"。[2] 再看韩愈，韩愈是大文豪，史书记载他的经历也很坎坷，"四举于礼部乃一得，三选

---

[1]〔唐〕刘悚:《隋唐嘉话》卷中，中华书局，1979年，第28页。
[2]〔五代〕王定保:《唐摭言》卷四，上海古籍出版社，1978年，第28页。

二、昔日王谢堂前燕，飞入寻常百姓家

于吏部卒无成"[1]。类似于我们今天某人高考考了四次才考上，大学考上以后不能立即成为公务员，要想成为公务员还要参加考试，但是韩愈三考都没考过，"十年犹布衣"[2]。说明科举制既体现了社会的流动性，也表明考试制度有其局限性。科举考试，在制度上逐渐完善，实现真正的公平竞争，是宋朝以后的事。但是科举制度实行的初级阶段，虽然不尽完善，但至少带来一个不同于此前的风气，重视才能。什么是才子？参加科举考试的才是才子。什么是佳人？至少在唐朝的时候不是公主，在唐朝，佳人是指才貌双全的女子，这里就不展开讲了。

科举制也有弊端，一个是参加科举的考生不停进行考试复习，考不上再复习，叫"夏课"，当时的过来人也编写了各种各样的参考资料，辅导考试。但是真正考试及第，这些考生不了解实际做官需要的政治才干，不熟悉政务，也会受到各种制约，尤其是受制于

---

[1] 〔唐〕韩愈著，刘真伦、岳珍校注：《韩愈文集汇校笺注》卷六《上宰相书》，中华书局，2010年，第646页。

[2] 〔宋末元初〕马端临：《文献通考》卷二九《选举考二·举士》，中华书局，2011年，第862页。

长期任职于各个官署和地方的胥吏，宋以后这种现象更为明显，因此有"吏强官弱"之说。在科举制初行时，如前文所述，尤其制度不健全的时候，主观因素很多，舆论的影响力，主考官的好恶，权贵的干预，都会成为左右录取结果的因素。有的考官办公桌上堆满请托的条子，"私案盈几"，有公主的，有驸马的，有贵族的，有亲朋好友的，都是得罪不起的。武则天的时候，有两个著名的宠臣，即张昌宗和张易之，其中一人就找主持吏部铨选（相当于现在的公务员考试，参加礼部主持的科举考试及第后，还要参加吏部举行的考试）的主考官。他递了一个条子给主考官，希望录取某某，但主考官不慎把递的条子丢了，也不敢违背，也不敢问，只记得姓某，于是当年就把姓某的人都录取了。科举制的弊端也逐渐显露，时日淹久，考生皓首穷经，英才沉寂下僚，任官后不谙政务，难逃滑吏之手，等等。

虽然有各种弊端，尤其是主观因素对录取与否的影响，但是科举制的积极意义在当时是最重要的，平等竞争、重视才学渗透到选举的各个层面，促进了社会的积极流动，并影响了上千年的历史。

二、昔日王谢堂前燕,飞入寻常百姓家

唐初确立的各项制度在武则天时代开始逐渐发生变化,其背景是阶级关系和生产关系在发生重大的变动。武则天登上政治舞台的时候,旧的门阀士族地主已经衰落,关陇军事贵族集团也已经走过了如日中天的黄金时代而日渐衰微。新兴的普通地主阶层通过科举制度进入政府的各级政权,他们在政治地位提高的同时,也不断加强经济实力,普通地主阶层的大土地所有制日益发展。这样,关陇军事贵族集团和普通地主集团在权力分配和经济利益等方面的矛盾冲突日益加剧。武则天出生于一个富有的木材商人家庭,虽然她母亲杨氏是隋王室宗支,但她依然不被认为有关陇军事贵族的高贵血统。武则天在宫廷政治生活中,处处受到关陇军事贵族集团的排挤,因此在士族地主与普通地主阶层的矛盾斗争中,武则天坚决打击士族地主。她不惜任用酷吏、罗织罪名、连起大狱,在她改唐为周之前,不仅长孙无忌、褚遂良、上官仪等关陇军事贵族集团中的元老重臣被血腥消灭,就连李唐宗室也几乎被杀光,所谓"唐之宗室于是殆尽矣"[1]。武则

---

[1]《资治通鉴》卷二〇四"天授元年(公元690年)八月甲寅"条,第6467页。

天竭力扶植普通地主阶层，通过修改《氏族志》为《姓氏录》，广开制科，大增进士等措施，提高普通地主阶层的社会地位，让他们大批进入各级政权，这使武则天的统治在地主阶级中具有更加广泛的代表性和更加坚实的社会基础。

武则天在政治上打击士族地主，扶植普通地主阶层，其直接的目的，是扩大自己的权力和影响力，夺取皇位，建立武周，她也确实达到了自己的目的。但在客观上，她的这一政治方针，顺应了社会经济的发展趋势。在当时，普通地主是地主阶级中正在兴起并最有前途的阶层。普通地主土地所有制的发展，以及他们与农民之间建立的人身依附关系较弱的租佃制，都是适合并能促进当时生产力发展的。正是在普通地主经济势力发展的冲击下，均田制及以其为基础的租庸调制、府兵制等开始遭到破坏，走向衰落。武则天摧毁了关陇军事贵族集团在统治集团中的地位，为普通地主阶层在政治、经济上的发展扫除了障碍，也就为社会经济的发展开辟了广阔的道路。陈寅恪先生在论及武周代唐的意义时说："故武周之代李唐，不仅为政治之变迁，实亦社会之革命，若依此议言，则武周

二、昔日王谢堂前燕，飞入寻常百姓家

之代李唐较李唐之代杨隋其关系人群之演变，尤为重大也。"[1]这一论断意义深刻，非常精辟。

社会阶层的变化，也有一条基本脉络可循：春秋战国社会变化，如何兹全师所言"'贵'的没落和'贤'的升起"[2]；唐宋时期，一是"旧时王谢堂前燕，飞入寻常百姓家"，二是"贫富无定势，田宅无定主"；明清时期，以工商业者为主体的市民阶层的兴起，引起了社会阶层和社会结构的重大变化。

从唐太宗到武则天，从《贞观氏族志》到《姓氏录》，社会阶层变动引发了社会政治革命，反之，社会政治变革顺应和推动了阶层的变动与重组。

（三）走向五代

统治阶级的更新问题。这在中国历史上是一个大问题。而隋唐五代是一个非常关键的转变时期，这个转变也使中国历史呈现前后不同的面貌。

---

[1] 陈寅恪：《唐代政治史述论稿》，第19页。
[2] 何兹全：《中国古代社会》，北京师范大学出版社，2001年，第130—136页。

从唐太宗到唐德宗

陈寅恪先生专门论述过唐初到武则天时期统治阶级的升降，关陇贵族和山东素族，李唐和武氏集团的博弈，这还只是在不同等级士族间的较量；后梁代唐则使南北朝以来的士族彻底退出了历史舞台；北宋则开启了新的官僚士大夫的时代，也有人称其为官僚政治取代了贵族政治的时期。这也是个漫长的历史过程，从唐初一直持续到北宋的建立，应该说才走完了这一过程。科举制的产生和确立，均田制的崩溃，税收原则的改变，都是这一历史进程的组成部分。

我们知道魏晋南北朝门阀士族形成，在政治、经济、社会和文化各方面都具有垄断地位。当鲜卑族人统一中原建立北朝王朝时，他们为确立本族在华夏的正统地位，实行了一系列汉化措施，其中重要的改革就是改汉姓和确定鲜卑贵族的门阀士族及等级。北魏皇族拓跋氏就把自己的先祖追溯到黄帝，改为元氏，列为最高等级，其他鲜卑贵族按照门阀制度依次改姓和确立士族等级。

五代之前是隋唐两朝，建立隋朝的杨氏和建立唐朝的李氏都属于关陇军事贵族集团，也都具有北方少数民族血统。按照隋统治集团自己的记述，或经过他

二、昔日王谢堂前燕，飞入寻常百姓家

们认可的记载，杨氏家族可追溯到弘农杨氏一支。弘农地处长安、洛阳之间的黄河南岸，西汉设弘农郡，范围大致为今天河南省西部的三门峡市、南阳市西部，以及陕西省东南部的商洛市。东汉时弘农杨氏"四世三公"，几代都有人位列高官，是魏晋南北朝著名的门阀士族之家。杨坚家族就将祖上挂靠在弘农杨氏上，称是东汉著名宰相杨震十四世孙。其实陈寅恪先生已经有考证，认为不过是附会之举，顶多是山东寒族，而且有北方民族的血统。杨坚（公元581—604年在位）的皇后独孤氏，鲜卑族，她的儿子杨勇和后来即帝位的隋炀帝杨广（公元604—618年在位），自然都有北方民族的血统了。有学者指出杨坚家族中间有几个先祖没有官职——估计是确实的先祖，此后靠从军起家。

虽然附会、挂靠之举漏洞很容易发现，但杨坚和李渊在当皇帝前，不论是杨家还是李家，都已经历经几代高官显贵，属于关陇军事贵族集团的核心家族。杨坚的父亲杨忠是西魏十二大将军之一，是支持宇文泰（公元534—556年在位）取代西魏建立北周的主要功臣，北周为柱国大将军，封随国公。从杨忠开始杨氏家族成为关陇新贵、核心家族。杨坚，袭爵隋国公，

夫人独孤氏是西魏八大柱国之一独孤信的女儿,女儿杨丽华是北周宣帝宇文赟(公元578—579年在位)的皇后(天元皇后),取代北周前,已经实际掌握了朝政大权。

　　再看建立唐王朝的李氏,自称是十六国时期西凉开国君主李暠(公元400—417年在位)的七世孙,而李暠自称是西汉名将李广的儿子,总之,当时的风气是在出身方面攀附历史上的名人,标榜家世背景深厚,为大族望门之后。陈寅恪先生考证,李氏家族并非出自西凉王室与关陇贵族李氏,只是河北赵郡李氏的一个小支系,正所谓赵郡李氏之破落户,而此支系所处地域即在鲜卑拓跋氏北魏政权治下。陈先生断言,李唐皇室之祖,或是汉人被赐以鲜卑名,或是鲜卑人被赐以汉姓。李渊的皇后是窦氏,也是在北魏孝文帝(公元471—499年在位)汉化改革时改的汉姓,本族是鲜卑族,因此包括李世民、李建成、李元吉在内的几个儿子也都有北方民族的血统。李渊的祖父、李世民的曾祖父李虎,为西魏八柱国之一;父亲李昞,封唐国公,北周柱国大将军。李渊的妻子独孤氏,其家族是北朝以来望族,其长姐为北周明帝宇文毓(公元556—560

二、昔日王谢堂前燕，飞入寻常百姓家

年在位）的妻子，其七妹为隋文帝皇后，母系一支是更为显赫的家族。

我们再回到五代，对比前朝，才会知道统治阶级这个群体或者这个层面都发生了什么变化，这里重点考察统治集团的社会成分发生了什么变化。

先看五代的君主。

后梁开国皇帝朱温（公元907—912年在位），安徽人，出身贫寒，《旧五代史》的本传虽然把朱家的先祖上溯到遥远的舜时代的司徒，但也记载了从朱温的高祖、曾祖、祖父到父亲都无一官半职，父亲还早早去世，他幼年只能随母亲以佣工的身份给地主刘崇家放猪。黄巢起义爆发后，他投奔起义军，因屡建战功，而不断升迁。黄巢攻进唐都城长安后，朱温又升任同州防御使，驻守今陕西渭南一带地区，屡屡与邻近的今山西西南部的河中节度使王重荣交战，屡战屡败后，多次求援，没有结果，愤而投降了唐朝，唐僖宗（公元873—888年在位）赐名朱全忠，他成为镇压起义军的主力，被任命为宣武节度使，汴州刺史，也就是现在的开封，也成为他的根据地。逐渐吞并中原地区的其他藩镇，并在与太原势力李克用的争战中，取得优

势。又胁迫唐昭宗（公元888—904年在位）迁都洛阳，先后杀死昭宗和哀帝（公元904—907年在位），最终取代唐朝，创建了后梁，即梁太祖，正式开启了五代十国的历史。既无悠久的家世背景，也无自己的任何资产，应该属于赤贫阶层，风云际会的唐末，因军功而崛起为一代枭雄，并登上皇帝的宝座，正是这个时代统治阶级此起彼落的缩影。

后唐统治集团是以太原为根据地的沙陀族，其奠基者李克用，唐末时被封为唐王，长期与占据汴州的朱温对峙。其子李存勖（公元923—926年在位）建立后唐，继续与朱温争战，最终南下取而代之。后唐李氏为沙陀贵族，李克用父亲原名朱邪赤心，唐懿宗（公元859—873年在位）赐姓名李国昌，此后承袭李姓。并宣称立志恢复李唐王朝，因此建国后，仍称"唐"，并从形式上尽量采用唐朝的旧制。赐国姓的举措后世一直沿用。

后晋的开国皇帝石敬瑭（公元936—942年在位），生于太原，也是沙陀族人，关于石氏家族的渊源也同样有着类似的附会说法，但并没有落实，石姓的来源都受到质疑，一说他的原名叫臬捩鸡，是沙陀人的名

二、昔日王谢堂前燕，飞入寻常百姓家

字。但在石敬瑭当上皇帝后，还是把自己的先祖追溯到春秋时卫国大夫石碏、汉景帝（公元前157—前141年在位）时丞相石奋，解释说，因汉末，京城动乱，石氏子孙只好避难到西北，定居甘州（今甘肃张掖）。石敬瑭的父亲跟随李克用作战，因功升迁到洺州刺史。李克用养子李嗣源当时任代州刺史，即后来后唐的第二代皇帝后唐明宗（公元926—933年在位）。李嗣源非常赏识石敬瑭，还把自己的女儿嫁给他，石敬瑭就一直跟随李嗣源征战，最终辅佐李嗣源登上帝位。因屡次建功，官至兼任侍中、太原尹、北京留守、河东节度使，从而控制了以太原为核心的河东地区。为换取契丹的支持，割让燕云十六州的就是他。最终借助契丹的力量南下取代了后唐，建立后晋，也因为奉契丹国主耶律德光即辽太宗（公元927年—947年在位）为父皇，成为历史有名的"儿皇帝"。

后汉的建立者是后晋河东节度使刘知远（公元947年—948年在位）。历史仿佛仍在螺旋与循环中行进。刘知远也是沙陀人，出身贫寒，冒姓刘，原在李嗣源手下当兵，据说最初是充当马奴，因在战争中救过石敬瑭，被石敬瑭招致麾下，一路升迁，最后也做

到北京（今太原）留守、河东节度使，乘后晋末年混乱之机，在太原称帝，建立后汉。后南下开封，取代后晋，确立了后汉对中原的统治。虽然刘知远也把自己的先祖追溯到东汉的皇族，但其实来历不详。

后周的建立者郭威（公元951—954年在位），士兵出身，脖子上刺有一只飞雀，因此被称为"黥面皇帝"。郭威的父亲曾担任晋王李克用的顺州（今北京市顺义区）刺史，后为割据幽州的刘仁恭所杀。当时郭威才几岁，跟着母亲艰难度日。为改变命运，也是走的从军这条路。几经辗转，做了刘知远的亲军将领，刘知远建立后汉当上皇帝后，郭威因功当上枢密副使，刘知远死后，其子即位，即后汉隐帝（公元948—950年在位），郭威又升至枢密使、邺都留守，后打着"清君侧"的旗号在部下的拥护下起兵造反，最终汉隐帝刘承祐被杀。郭威借口北上抗击契丹，在檀州发动兵变，黄袍加身，回师开封，正式建国，国号大周。人们对赵匡胤的"黄袍加身"比较熟悉，其实郭威已经先行一步。只是他没想到，他建立的后周王朝，也是被麾下大将采用"黄袍加身"方式取代的，出兵的借口也是打契丹。

二、昔日王谢堂前燕，飞入寻常百姓家

北宋的开国皇帝赵匡胤（公元960—976年在位），从史书记载看，赵匡胤应该出身平民家庭，往上数几代都没有做官的。民间传说他年轻时到处游历，没有固定居所，曾到一座庙里栖身，遇到一个老和尚给他看相，预言他北上会有奇遇。赵匡胤于是投奔了当时任后汉枢密使的郭威。后周建国后，赵匡胤屡立战功。郭威死后，养子柴荣（公元954—959年在位）即位，柴荣病重时，任命赵匡胤为殿前都检点，统掌禁军。柴荣驾崩后，年仅七岁的柴宗训（公元959—960年在位）即位，赵匡胤借北上抗击契丹和北汉联军之机，行军到距离开封不远的陈桥驿，发动兵变，上演"黄袍加身"，回师开封，改朝换代，建立了大宋王朝。

可知，五代的开国君主后梁朱温出身贫贱，后唐、后晋和后汉的建立者都是沙陀人，除后唐李氏还属于沙陀贵族外，建立后晋的石敬瑭和建立后汉的刘知远都出身寒微。后周郭威的出身也同样寒微。他们都是靠从军走上发达之路的。没有一个是南北朝和隋唐以来的世家大族或公卿之后。

朱温出身贫寒，靠从军起家，李克用、李存勖虽然是沙陀贵族，但与中原历史悠久的大族并非同质，

石敬瑭基本属于沙陀寒族。成德节度使安重荣所表达的不仅是割据一方藩镇的普遍心声,也正是中古时期统治阶级更迭的理论依据——他说:天子,兵强马壮者当为之,宁有种焉。事实也确实如此,旧的士族已经让位于新的军阀集团。

再看南方九国与北汉的情况。

吴国的杨行密,出身贫苦,幼年丧父,唐末参加了江淮地区自发的叛乱组织被捕,放出来后又应募投军,后在军中起兵,占据庐州,被唐任命为庐州刺史,据此继续扩充势力和地盘,被唐封为吴王。杨行密死后,其子杨溥(公元927—938年在位)自立为帝。

南唐的建立者李昪(公元937—943年在位),原名徐知诰,出身微贱,父亲在战乱中失踪,母亲又早早去世,幼年流浪,只能寄居在寺庙。后被杨行密收为养子,因杨的其他儿子不能容他,于是转由杨的部下徐温领养,就此改名。后来在吴成为镇守一方的大将,最后终于取代吴建国,自称是唐宪宗(公元806—820年在位)之子建王李恪的四世孙,因此国号为唐,改为李姓。

吴越的开国君主钱镠(公元904—932年在位),

二、昔日王谢堂前燕，飞入寻常百姓家

他们家世代以种田打渔为生，他少年时还贩卖过私盐，后来从军，逐渐坐大，成为一方割据势力。

闽国的建立者是王潮，农民出身，唐末曾做过本县的小吏，宣称自家为琅琊王氏后裔，加入乘乱而起的地方武装，领导人王绪为屠夫出身。王潮势力逐渐发展，成为割据福建地区的军阀。

南汉的建立者刘隐，祖籍河南，祖父到南海经商，于是在泉州定居。也有人说刘家是大食（阿拉伯）商人的后裔，也有人说是岭南本地的蛮族（即当地少数民族）。刘隐的父亲唐末为广州牙校，全家又迁居岭南。刘谦和刘隐都先后效力于唐末的地方军阀势力，逐步做到岭南节度使，为建国打下了基础。

楚国的建立者是马殷，家境贫苦，少年时做过木工，自称东汉伏波将军马援之后。唐末投奔叛唐的军阀秦宗权，后辗转到湖南发展，势力壮大后，接受唐朝任命，逐渐占据湖南全境。此后接受后梁和后唐的封号。

高季兴所建立的南平，又称荆南，是九国中面积最小、势力最弱的。高季兴先在汴州商人李七郎家为奴，李七郎被朱温收为养子，又收高季兴为养子，成

为朱温的亲随牙将，由此逐渐起势。朱温称帝后，任命他为荆南节度使，后分别向后唐和吴称臣，割据一方，始终没有称帝。

前蜀的创建者王建（公元907—918年在位），亦无显赫出身，据说家里是卖饼的，他本人属于少年无赖一族，杀牛、盗驴、贩卖私盐，名声很糟，被乡里人称为"贼王八"。唐末从军，做到刺史，又靠着被大宦官田令孜收为养子的身份，又有护驾僖宗之功，继续升迁。最后，占据川蜀之地，后梁代唐后，自立为皇帝，建立"大蜀"国。

后蜀的建立者孟知祥（公元934年在位），出身不详，显然父祖辈都没有什么显赫经历。他在李克用属下得到其的赏识，李克用将侄女嫁给他，也算有贵人相助。升迁至太原尹、北京留守，后唐灭掉前蜀后，他赴蜀任西川节度使，后来占有两川，虽然被后唐封为蜀王，最后还是称帝自立，史称后蜀。

北汉的建立者刘崇（公元951—954年在位）的情况又有不同，他是后汉刘知远的弟弟，刘知远称帝后，将镇守河东的重任交给他，出任太原尹、北京留守、河东节度使，在郭威兵变后，他在太原称帝，建立北汉。

二、昔日王谢堂前燕，飞入寻常百姓家

南方九国的开国君主与五代一样，无一出身贵族和世家，但其所谓的先祖却五花八门，令人眼花缭乱，在攀附名门名人的背后，似乎还能看到一丝魏晋南北朝以来门阀士族的痕迹，但其实与那个重视门阀的时代的关系已不能用渐行渐远来形容了，而是进行了彻底颠覆，同时大步跨进了新的时代。

朱温制造的"白马驿"惨案，正是和以往的时代的历史决绝。

这个残忍事件发生在朱温即位前，为了进一步控制唐昭宗，他先杀死昭宗周围残存的数百名宦官，杀死朝臣和后宫若干人。当时朱温身边的亲信有一个叫李振的，据说他屡次参加科举考试都没有及第，由此对自诩"清流"的士大夫们深恶痛绝，乘着朱温谋反之际，鼓动朱温，说士大夫们自认为是清流，看不起那些没有身份或非科举出身的人，那就杀死他们再投入黄河，让他们永远变成浊流。这正符合朱温想铲除朝中异己的想法，于是大开杀戒。天祐二年（公元905年），在滑县（今河南境内）白马驿的黄河边杀死三十余名大臣，真的投尸于河中，据说河水为之不流，还勒令其余的一些重臣自杀。

"清流"在占尽了数百年的风流后，终于被浊流所冲垮。历史也到了改朝换代的时代。这也是应该引起我们思考的问题：为何科举制在北宋以后始终是中国历代占主导地位的选官制度？为何"田制不立"成为北宋以后占主导地位的土地管理模式？对唐后期出现的"商贾贱类，台隶下品，数月之间，大者上污卿监，小者下辱州县"的社会变化，自诩清流者常大惑不解，极力倡议应鉴清九流，绝侥幸之路。其实，这种社会变化反映了唐后期及五代选官基础的调整，奠定了五代乃至北宋创建者的成分，代表了整个社会阶层大变动的历史趋势。

（四）唐、五代、宋初的城市社会各阶层

当代中国在加速城市化的进程中，面临着如何重新界定和划分社会阶层的问题，农村社会被边缘化也同时被简单化，这正是当今社会变化的现实反映。中国传统社会虽然没有开启近代化的进程，也没有出现现代意义的城市化，但随着商品经济的发展，社会流动的加剧，同样出现了人口向城市集中的浪潮，促使

二、昔日王谢堂前燕，飞入寻常百姓家

城市社会结构发生变化，我们权且将这种现象称为"古典城市化"。唐宋时期出现了这样的浪潮是显而易见的，由此也引发了城市社会阶层的变化。那么，应该如何认识中国唐宋时期城市社会阶层的变化，如何借鉴传统史学与新思维开展唐宋时期的社会阶层研究，如何通过对这一时期城市社会阶层变化的研究透视更广阔的社会变化，这正是本书希望探索的问题。

中国传统城市社会结构具有复杂性、多样性及多层次的特点。城乡一体化的政治体制，城乡社会二元结构的长期延续，城乡之间的流动与限制，商品经济浪潮中社会的分流与变动，都是影响城市社会阶层变动的内外因素。探讨唐宋都市社会变迁，探讨社会经济的发展变化，社会各阶层的变动是核心问题之一，尤其是社会中下阶层的构成与变动，是把握都市社会变迁的关键，也是我们认识中国传统社会变化的关键。

对社会阶层的关注，正是基于对社会经济的关注。如何界定与划分却是仁者见仁、智者见智。

我们所探讨的中国古代社会，也可以称之为"传统社会"或"封建社会"，即一般所指的春秋战国到鸦

片战争之前的中国历史。[1]以往在研究中国传统社会阶层变化时，往往面对的是全社会，并没有对城市社会阶级、阶层的专门研究。很长一段时间，学界将研究重点放在两大阶级——地主阶级与农民阶级，也是以农村社会的生产关系（基本构成）为基准的。隋唐时期，随着古代城市坊市制度发展到极盛，城市中普通居民已经成为城市社会中的主要组成部分，坊市区已经成为城市社会空间中最重要的区域空间。虽然城市与农村还有着密不可分、错综复杂的关系，但作为有别于农村的相对独立的区域的居民，城市居民是一个具有自身特点的群体，这一点已经是毋庸置疑的，所以对城市居民开展专门的研究是非常必要的。流入城市的农民及流动艺人、工匠等，如果是有相对固定和已趋稳定的职业，就属于城市社会或部分属于城市社会了，很多人会选择不回乡村而成为城市的常住人口。处于经常性流动状态的农村部分人口，大部分从事的是运输、建筑、市政、商业和服务性行业，都与城市有着千丝万缕的联系。作为个体，他们经常流动，

---

[1] 在此暂不讨论社会性质和社会历史发展阶段划分问题。这里所关注的时代，主要包括魏晋南北朝、隋唐、五代等时期，适当延续到宋初。

二、昔日王谢堂前燕，飞入寻常百姓家

但相当一部分人会通过各种方式转化为城市常住（外来）人口，进而成为城市永久性居民。不论处于何种状态或何种阶段，他们都是与城市发展密不可分的。在研究城市社会中下阶层及其变化时，上述外来人口、流动人口是我们尤其要关注的群体。

在探讨中国隋唐、五代、宋初城市社会阶层的构成及其变化时，有些不能忽视的背景：一是中古社会权贵阶层的变动与重组；二是城市从坊市制走向街市制（很多学者认为是体现了从封闭走向开放的过程，这一时段跨越了三百二十多年的历史），大量外来及流动人口的存在；三是以科举制和铨选制为导向（龙头）带来的官僚体制和官僚队伍构成的变化，引起官僚士族、文士向都城集中的趋势；四是商品经济大潮冲击中，不仅上层权贵阶层重组，中下阶层的变动也很明显，对城市社会的影响和作用也越来越深刻。

中国古代的社会阶级、阶层和社会等级是有区别的，一般认为阶层是阶级下属的进一步细分，但似乎也难以严格区分。这其中，最难界定的是社会阶层，但很多学者仍然做出了自己的判断和选择。梳理不同的划分法，依据略有不同。大体上看，有按政治法律

地位、按经济关系和按占有社会资源划分的三分法；有按政治资源、经济资源、文化资源划分的三分法；还有按相关利益划分的四分法。但无论哪种划分，其中的单项因素其实都是互相渗透的。对各个阶层也有单独的划分法，笔者目前了解的与本书有关的主要是等级论、阶级论和阶层论，三者也多有重叠和交叉，主要体现了划分的原则和依据方面的差异。阶层论在某种程度上隶属于阶级论。

马克思指出："在过去的各个历史时代，我们几乎到处都可以看到社会完全划分为各个不同的等级，看到社会地位分成多种多样的层次。在古罗马，有贵族、骑士、平民、奴隶，在中世纪，有封建主、臣仆、行会师傅、帮工、农奴，而且几乎在每一个阶级内部又有一些特殊的阶层。从封建社会的灭亡中产生出来的现代资产阶级社会并没有消灭阶级对立。它只是用新的阶级、新的压迫条件、新的斗争形式代替了旧的。但是，我们的时代，资产阶级时代，却有一个特点：它使阶级对立简单化了。整个社会日益分裂为两大敌对的阵营，分裂为两大相互直接对立的阶级：资产阶

二、昔日王谢堂前燕，飞入寻常百姓家

级和无产阶级。"[1]

现代历史学者运用马克思主义的观点，按照五种社会形态，将封建社会分为地主和农民两大对立阶级，在地主和农民两大阶级中进一步划分出若干阶层。对地主阶级的划分，主要是依据政治地位和剥削方式。有两分法——身份性地主和无身份性地主；官户地主和民户地主；豪族地主和庶族地主。三分法——皇族、贵族和一般地主；贵族、缙绅地主和庶民地主；爵禄、谱系和资产地主；等等。对农民阶级的划分相对简单，一种是按照土地占有方式，把农民阶级划分为自耕农和佃农；另一种是按照土地占有数量划分为富农、中农、贫农、雇农四个等级。中国古代传统的分户方式是按照户等划分，农村人口中，阶级划分法中的农民基本属于乡村中的中下户。有人将部曲、奴婢、杂户等也都归入广义的"农民阶级的范畴"。但这种划分法也存在一定的"盲区"，很多部曲、奴婢、杂户并不生活在乡村，考虑到城市也存在大量的奴婢、杂户，如何归纳，还需要斟酌。

---

[1]〔德〕马克思：《共产党宣言》，《马克思恩格斯选集》第1卷，人民出版社，1972年，第250页。

"阶级"一词古已有之,《后汉书·边让传》云:"阶级名位,亦宜超然。"[1]《左传》云:"天有十日,人有十等,下所以事上,上所以共神也。故王臣公,公臣大夫,大夫臣士,士臣皂,皂臣舆,舆臣隶,隶臣僚,僚臣仆,仆臣台。"[2] 王、公、大夫、士、皂、舆、隶、僚、仆、台十等,这种等级的划分,已经有了固定的群体和层级。《汉书·食货志》的"四民说"是经常被引用的,"士农工商,四民有业。学以居位曰士,辟土殖谷曰农,作巧成器曰工,通财鬻货曰商"[3]。严格意义上讲,这并不是阶级或阶层的划分,而是职业或身份性的分类。南宋的陈耆卿说,"此四者,皆百姓之本业,自生民以来,未能有易之者也"[4]。即是一种本业的分类。每一个类别中可以包含不同的层级。元代"一官、二吏、三僧、四道、五医、六工、七猎、八民(娼)、九

---

[1] 〔南朝宋〕范晔:《后汉书》卷八〇下《边让传》,中华书局,1965年,第2646页。
[2] 杨伯峻编著:《春秋左传注》"昭公七年",中华书局,1990年,第1284页。
[3] 〔汉〕班固:《汉书》卷二四上《食货志》,中华书局,1962年,第1118页。
[4] 〔宋〕陈耆卿:《赤城志》卷三七《风土门二·重本业》,中国文史出版社,2008年,第408页。

二、昔日王谢堂前燕，飞入寻常百姓家

儒、十丐"[1]之分，就是一种混合分类和分层法。

目前社会资源的占有决定社会阶层的层次的说法，越来越受到学界的重视，与单纯按政治、经济和文化等划分相比较，这种划分更具有综合性、包容性，有更为广泛的涵义。但对"社会资源"的界定似乎还存在歧义。中国古代城市社会的复杂性、包容性和变动频繁性、流动性的特点是否充分考虑在内了呢？阶级、等级、阶层的实质性区别是什么呢？古代社会的"社会资源"如何界定？这些都关系到划分古代城市社会阶层的依据。

中国社会史研究专家郑杭生把社会阶层的划分，归纳为两个理论传统，指出：对于社会阶层划分，一直以来存在两个重要的理论传统，这就是马克思主义传统和韦伯主义传统。马克思强调社会分工、生产资料的占有、财产所有制对社会阶层划分的决定性意义。韦伯虽然与马克思一样强调经济因素，但更注重市场

---

[1] 〔清〕赵翼撰，曹光甫校注：《陔余丛考》卷四二《九儒十丐》，上海古籍出版社，2011年，第852页。

能力和市场中的机会对社会阶层划分的意义。[1]

但是具体到中国古代城市社会,无法像此前很长时间段那样将中国古代社会阶层简单归纳为两大对立阶级。

中国古代社会阶层划分具有很大的难度,城市社会阶层的划分更是如此。

---

[1] 郑杭生:《当代中国城市社会结构现状与趋势》,第一章《导论》第四节《关于我国城市社会阶层的划分》(中国人民大学出版社,2004年,第19页)。仇立平《社会阶层理论:马克思和韦伯》指出:社会学家"在社会学理论中,一直存在着两种社会阶层理论,即马克思的社会阶级理论和以韦伯为代表西方社会阶层理论。前者主要以生产关系作为划分社会阶级的基础理论,后者则以'财富、权力、声望'等作为社会分层的标准。"(《上海大学学报》1997年第5期)

三、东北硝烟动地来
——唐玄宗时期东北亚格局之变迁

唐朝建国初面临着三大问题,一是在对外关系上如何变被动为主动,营造有利于稳定和发展的周边环境;二是如何掌控、协调各方利益集团、势力集团及其之间的关系,即统治集团内部关系的协调;三是如何解决国家控制和管理层面的问题,即实现长治久安的最终目的。我们重点关注的是第一个问题,即对外关系问题,也就是地缘格局或地理格局变化问题,牵涉到民族格局变迁问题。

（一）中原王朝所处的地缘与民族格局

自春秋战国时期以来，中原王朝主要面对的外部威胁，第一是来自北方。自北朝以来，来自北方的主要威胁已经不是匈奴了，是后来崛起的突厥。南北朝以来，突厥成为困扰中原王朝北方最主要的威胁。在唐初的时候，突厥曾经兵临唐朝都城长安城下，当时唐高祖李渊（公元618—626年在位）还要向其称臣，当然，史书上避而不谈。在隋末，突厥内部发生了分裂，内部矛盾激化，又有天灾人祸，所以唐太宗主动出击，缓解了北方草原民族的威胁。

第二个威胁主要来自西北。西北是北朝以来，中原王朝经营和开拓的要地，汉武帝设安西都护府，加强了对传统战略基地的经营和开拓。这一战略方针延续到唐朝中叶，有效管辖区域一直延伸到咸海、贝加尔湖、巴尔喀什湖，设置安西都护府、北庭都护府、安北都护府、安东都护府等。长安成为腹心之地。安史之乱使西北防线被迫内缩。这样一个传统的西北战略防线，在安史之乱之后迅速丧失。

三、东北硝烟动地来

第三个威胁来自东北。安史之乱的首领，安禄山、史思明都是镇守唐东北地区的蕃将。

安史之乱爆发后，玄宗开始还进行了抵抗，但叛军攻破潼关后，玄宗就仓促向四川逃亡，途中发生马嵬驿之变，杨贵妃和族兄杨国忠被发动兵变的禁军杀死，太子李亨没有跟着玄宗西逃，带领部分禁军北上领导抗击叛军的斗争，在灵武被臣属拥立即位，即为唐肃宗（公元756—762年在位），遥尊玄宗为太上皇。当时有一个高士叫李泌，被肃宗从他隐居的嵩山召来，问退敌之策，李泌提出上中下三策，打通从河北到洛阳到潼关到长安的通道，把这条通道全部向叛兵开放，唐军打这边，河北的叛军就会来救洛阳，救长安，唐军打洛阳，长安的叛军来救，河北的叛军也会来救，使得叛军疲惫不堪，首尾不能相顾，然后再直捣叛军老巢，这是上策。另外一策是迅速收回两京，属下策，解决不了根本问题，只是有利于肃宗稳定自己争取来的皇位。安史之乱后，西北战略要地全部失去。

而安史之乱的根源是东北局势的变化。

隋唐两朝都倾全国之力东征高句丽，试图一劳永逸地解决朝鲜半岛的问题，在整个东亚大陆取得战略性的主动；隋唐极有战略眼光，遗憾的是时机不成熟，隋朝因此而覆亡，唐朝也没有最终完成这一战略性的举措，东北根本问题没有解决，也影响到西北的战略布局，影响了上千年的历史。

（二）中心和重心的转移

唐太宗的时候，西北还是战略重点，但他看到了东北地区具有重要的战略意义。玄宗时期政治中心和军事重心从西北逐渐转向东北，经济重心逐渐从北方转向东南，历史发展轴心从东西向为主转变为南北向为主，这一历史大趋势日趋明朗。安史之乱的爆发与地缘和民族格局变迁密不可分；为了从更深层次认识安史之乱爆发的原因，我们应着重对这一历史大趋势加以思考。

从秦到汉到隋唐，中国的中原政权政治中心和军事重心都偏在西北，因此，都城大多选在关中地区的咸阳或长安（今天的西安一带），以此战略重心经营关中，开拓西北，抵御北方草原民族的南下浪潮。从唐朝开始，东亚大陆的民族关系格局开始变化，北方民

三、东北硝烟动地来

族与中原王朝的关系最重要,这时随着东北民族的兴起,战略重心已经从西北逐渐转向东北,中原政权如隋和唐朝,其实已经感受到这种变化,并且在战略上有所调整。如隋和唐的多次征伐高句丽(高丽)。

我们应该先熟悉一下唐朝的疆域变化。唐朝全盛时期大约是玄宗(公元649—683年在位)开元二十九年。高宗朝疆域一直向西北延伸到咸海。

中国古代社会自秦始皇(公元前246—前210年在位)统一中国以后,一直到唐中叶,中原王朝发展的重心,以及政治中心和军事重心都偏在西北,为什么?我们还是要分析中国地形图,最好是看整个东亚大陆地形图。我们必须把东亚大陆作为一个完整的板块,这个板块实际上呈三角形,西高东低,三角形的顶点,即帕米尔高原。有一组向东北方向延伸出去的山脉,天山、阿尔泰山、萨彦岭、外兴安岭山脉一直到鄂霍次克海,这条线伸出去,可以作为三角形的一个边。向东南延伸的也有一组山脉,包括喀喇昆仑山、喜马拉雅山、横断山脉,一直到南海岸。这可以看作是大三角的两个边。东亚大陆的东面,环太平洋沿岸有一系列向太平洋凸出的岛弧,如千岛群岛、日本列岛、琉球群岛、菲律宾群岛等，它们围绕"东亚大陆"海岸，形成许多边缘海，如鄂霍茨克海、日本海、黄海、东海、南海等，面向东亚大陆，可以看作是东亚大陆大三角形的底边。中国的历史，东亚大陆的历史演变就发生在这个板块上。

自秦始皇统一中国以后，到唐中叶以前，中国历史发展的重心和中心都在西北。政治中心和军事重心转移的最主要表现就是首都位置的迁移。首都迁移的大致趋势：长安—长安、洛阳—开封—北京。

中国古代社会和近现代社会，即资本主义兴起以后的社会，都城的选址是不一样的，重心和中心的判定应该以都城为核心。秦始皇建都咸阳，刘邦（公元前202年—前195年在位）建立西汉，首都定在长安。此后虽然历史不断有大动荡，也进行了大分化，但是隋结束了近四百年的分裂历史以后，定都长安，唐朝继隋而起，仍然定都长安，这就是中国自秦到唐政治中心和军事重心的核心地带，偏在西北。

这样一个历史发展的重心，它形成的原因是什么呢？为什么从秦始皇到唐高祖、唐太宗都把都城选在长安呢？为什么政治和军事的重心都要偏在西北呢？

三、东北硝烟动地来

需要思考的问题是，在古代的中国，某一个统治集团建立了王朝以后，要选择都城位置的时候，主要考虑哪些方面的问题？很多人可能会说经济条件要好，要易守难攻，交通要便利，估计大家主要考虑这些方面的优势。上述这些问题对一个统治集团选择都城确实很重要。但是就中国古代社会来讲，自秦到唐的统治者之所以选择关中，其实还应该有两个最重要的条件和原因。第一要考虑根据地，即起家之地。太行山南部与平原的接壤处，在古代有一个关口称为函谷关，是东西交通的要冲，也是军事上重要的防地，隋唐以前函谷关的东西两边也因此各称关东关西。战国时期，关西的秦面对关中六国，采取的是用连横破合纵的战略。合纵连横即"从者，合众强以攻一弱也；而衡者，事一强以攻众弱也"[1]。秦国商鞅变法之后国力强盛，其他各国被迫共同对付秦。因关东六国基本是从南到北分布，即纵向结成联盟。但是秦以西戎之地，被关中六国视之为戎狄，被认为不是正统，非常看不起。秦通过连横这样的战略措施，"事一强以攻众弱也"。

---

[1] 〔战国〕韩非子著，陈奇猷校注：《韩非子新校注》卷一九《五蠹第四十九》，上海古籍出版社，2000年，第1114页。

即虽偏在西边,通过联合关东六国中的某一个或两个强国,破关中六国的合纵,最后逐一歼灭六国。但是秦灭六国,统一中国以后,仍然定都在它的根据地关中。再如建立西汉王朝的汉高祖刘邦,他虽然不是关中人,是江苏人,起兵于沛县(今江苏徐州下辖县),但是他被项羽排挤到西北,封为汉王,于是从关中起家。刘邦入到关中占据长安以后,与项羽争夺天下。项羽节节败退,乌江自刎之后,刘邦仍然回到关中,定都长安,因为长安是他的根据地,而关东是项羽的大本营。继西汉之后的另外一个王朝东汉,建立者刘秀(公元25—57年在位),首都是洛阳。为什么刘秀定都洛阳?首先要了解刘秀靠什么起家。他是靠河南地主集团起家,本身也是南阳大地主。史载,刘秀建立东汉以后,推行的一个重要措施为"度田",即核查土地,核查人口,以便掌握被世家豪族隐匿和控制的人口与土地。其结果是受到豪门大族的集体抵制,不了了之。刘秀对度田无法推行非常气愤,皇子东海公刘阳即后来的汉明帝虽然年方十二,但已清楚问题的答案,对刘秀说:"河南帝城,多近臣;南阳帝乡,多

三、东北硝烟动地来

近亲,田宅踰制,不可为准。"[1]河南即洛阳,当时是首都,多为高官近臣,谁敢动;南阳是刘秀的老家,多为皇亲国戚,地方官也不敢动。刘秀是依靠河南地主集团起家的,他怎么能动河南地主的根本利益呢?因为这是他的起家之地。

我们可以迈过比较混乱的魏晋南北朝,再看隋唐。隋唐两代的统治者都属于关陇集团,他们的根据地就在关中,中原大战打来打去,最后趁各方势力混战之机,李世民趁机出关扫平群雄,统一天下。在统一全国之后,李氏集团仍然定都长安,这是李家的根据地。唐之后进入藩镇割据时期的五代,取代唐的是黄巢农民起义军的叛将朱温,他原是黄巢起义军的将领,后来降唐。朱温取代唐建立后梁以后,定都汴州,即现在的开封。降唐后,他被唐朝封为宣武军节度使,驻守汴州,并不断扩大和发展他的势力,汴州就成为他的根据地。五代除了后唐定都洛阳,后梁、后晋、后汉和后周这四个王朝都定都开封(汴州)。可以看到,中原政权的都城从长安—洛阳,东移到洛阳—开封。

---

[1] 〔南朝宋〕范晔:《后汉书》卷二二《刘隆传》,中华书局,1965年,第781页。

从唐太宗到唐德宗

明朝开国皇帝朱元璋（公元1368—1398年在位）定都南京（应天府），江南是他的起家之地，也是他的根据地。后来朱元璋的儿子燕王朱棣（公元1402—1424年在位）镇守北京，手握重兵，以"清君侧"的名义南下，取代了新立的建文帝（朱元璋的孙子朱允炆，公元1398—1402年在位），建文帝则不知所终，成为历史上的一大谜案。但是朱棣取得政权以后，虽然在南京登基称帝，但最终没有延续南京的都城，而是回师今天的北京，把北京定为首都。究其原因，朱棣的大本营在北京，南京并不是其根据地，北京还是他的最终选择。再看清朝，满族统治集团虽然起家于关外的东北，但要统治广大的中国南北地区，当然不适合在关外定都。清王朝是满蒙联合政权，广大的蒙古高原和东北地区是其根据地，定都北京，也是像元朝一样，背靠北方根据地，面向广大的南方地区。我们还可以将目光移到现代，蒋介石的国民党政权选择定都南京，究其原因，依靠江浙财团的势力是关键因素，即蒋介石的起家之地和比较稳固的根据地是江浙地区。共产党解放北平后选择了定都北京。那么新中国成立后为什么定都北京？北京的东北有广大的先期成为解放区

三、东北硝烟动地来

的东北地区，即今天的黑龙江、吉林和辽宁三省，再加上内蒙古部分地区，背靠当时的苏联，包括辽阔的外蒙古地区，都可以作为中国共产党在北京确立政治中心的可靠后方。中国的南方地区则不同，大多由国民党控制，抗日战争时期，又大多成为沦陷区，共产党领导的新四军在南方进行了艰苦卓绝的斗争，但无法扩大根据地，打开局面。因此，新中国的首都选址在北京，上述这些因素具有关键意义。综上可知，传统社会，一个政权，一个王朝选择在何处定都时，一地是否为根据地是首先要考虑的因素。

古代社会的王朝选择首都还有一个条件也很重要，即这个政权或者国家面对的威胁主要来自何方。这关系到唐太宗一系列对外政策。中国历史上中原王朝的主要威胁来自北方。蒙古高原上的草原游牧民族，通过一次一次的波浪式的南下，对中原王朝，对以汉民族为核心的政权造成巨大的威胁，甚至能够进入中原建立王朝。北方的少数民族在魏晋南北朝的时候主要有五个，史称"五胡"，即匈奴、鲜卑、羯、氐、羌，他们的迁徙和南下曾经使得整个中国南北地区的格局发生重大的变化。他们陆续进入中原地区，曾在北方

从唐太宗到唐德宗

建立了多个少数民族政权，甚至统一了北方。如氐族建立的前秦政权，鲜卑族建立的北魏政权，都在北方实现了统一。后来蒙古族建立元朝，统一了整个中国；满族建立的清王朝，也统一了整个中国。因此，中原王朝最主要的威胁来自北方。

我们可以把东亚大陆分成六个板块，第一个大板块是我们现在生活的核心地区叫东部地区，大致范围是长城燕山以南，贺兰山南下绕过四川盆地的西缘再延伸到云贵高原的东缘。这个区域主要是汉民族繁衍、生活的地区，这是一个大区。第二个大区就是北方地区，即蒙古高原，又可分为漠南漠北两大块，历史上有众多的游牧民族活动于此。第三个地区就是西北地区，主要指的是今天的新疆地区。历史上的西域，狭义上就是今天的新疆地区，广义上阳关和玉门关以西的地区都可以叫西域。第四个地区是西部地区，也就是今天的青藏高原。第五个地区是西南地区，就是今天的云贵高原。第六个地区是今天的东北三省，所以是六大区。核心发展的地区当然是东部地区，对东部地区民族和政权造成威胁的势力主要来自哪里呢？在唐中叶以前甚至是以后的很长时间，主要来自北方草

三、东北硝烟动地来

原民族。由于草原民族以游牧为主，又由于气候变迁，每当进入大小冰期，水草南移，因此游牧民族要不断南下，进入气候更好、水草更丰美的地区，这样就和中原地区的政权和民众发生了频繁的交流、交往——当然很多时候是通过战争和掠夺的方式，也有可能是通婚，也有可能是友好的往来。

由于北方草原民族的生活习惯和他们的社会组织方式，所以他们很容易形成一股强大的政治军事力量，全民皆兵。中原王朝的主要威胁来自北方，为什么在唐中叶以前，这个重心都偏在西北呢？最早兴起的草原民族除匈奴来源尚未有定论外，北方草原民族基本发展态势是在迁移中逐渐东移的三条线，即偏西北的阿尔泰山的西线，呼伦贝尔草原的中线，大小兴安岭、长白山的东线。北方草原民族基本的活动方式是从山间到山下，进入漠北，再进入漠南。他们南下的发展路线是，跨过阴山，进入河套，也就进入了整个中原王朝腹心地带。面对南下的草原骑兵，中原王朝已无屏障可恃。河套地区更是水草丰美之地，是草原民族向往的地方，尤其当气候转为寒冷期时，河套更是他们追逐的牧场。至少在唐中叶以前，主要的威胁来自于北方民族的偏西部地区，中原王朝很长时间里必须把政治和军事的重心放在西北。什么时候这种情况发生变化了？应该说从魏晋南北朝就开始了，但真正的变化是在唐中叶以后。因此，我们看到从鲜卑族南下北方草原民族的南下路线就开始向东移动了，进入漠北，进入漠南，跨过阴山，或通过辽河中下游，进入内地。北方民族走向的改变，也是东北亚民族大格局的改变。自唐中叶以后，中原王朝的政治中心和军事中心也逐渐向东北方向转移。我们在分析中国传统社会或者中国封建社会历代王朝都城选定的时候，要考虑到根据地和主要的威胁是选择都城重要的条件。

自秦始皇统一中国后，中原王朝的政治重心、军事重心都偏在西北，黄河流域的北方地区由于优越的地理条件和与政治中心的关系，所以也是中原王朝的经济重心。这一格局的形成与北方草原民族的活动方式也有密切关系。北方草原是以游牧经济为主的民族，随着气候的变化和生存的需要，他们不断追逐更丰美的草场和水源，他们倏起倏灭，不断崛起新的民族，形成一波一波的南下浪潮。

(三)隋唐时期格局的变化

最早兴起的草原民族除匈奴来源尚未有定论外,基本发展态势是在迁移中逐渐东移的三条线,即:偏西北的阿尔泰山的西线,呼伦贝尔草原的中线,大小兴安岭、长白山的东线。隋唐以前,中原王朝的三大重心(政治、经济、军事)都偏在西北。隋唐时期,这一格局已经出现变化。

一是东北亚民族格局的变化。北方草原新崛起民族重心的东移,从阿尔泰山一线转移到大兴安岭一线,使得中原王朝的政治、军事重心也随之转移。隋炀帝修大运河,其实已经有向东北进行战略倾斜的考虑,但因内外因素而导致隋朝的倾覆。正如清代学者赵翼所言:"地气之盛衰,久则必变。唐开元、天宝间,地气自西北转东北之大变局也。"[1] 赵翼所谓的"地气",就包括我们所说的"政治经济重心"。地气自西北转向东北,其实就是指政治和军事重心自唐中叶发生的转

---

[1] 〔清〕赵翼著,王树民校证:《廿二史札记校证》卷二〇《长安地气》,中华书局,2013年,第468页。

变趋势。

二是以丝绸之路，陆路为主要对外交通线的格局，随着东北亚民族格局的变迁，中原王朝政治和经济重心的东移，走向衰落，东南海路交通线——海上丝绸之路，日益兴盛。

三是与政治和军事重心的东移及东北移同时的，却是经济重心的南移和东南移。经济重心与政治和军事重心的分离，受多种因素影响，如民族因素、战争因素、气候因素等。中国古代的地理格局，一般以秦岭淮河一线作为划分南北的分界线。北方自秦以来，一直是中原王朝和北方民族、中原王朝内部各势力争夺的主要战场，每一次惨烈的战争都给北方地区的社会经济造成极大的破坏，同时造成不同程度的人口迁徙。一方面是北方游牧民族进入中原地区，纷纷建立政权，如两晋南北朝时期，宋辽金对峙时期，另一方面是北方原居住的以汉族为主的人口大批南迁，形成人口南下的浪潮，如西晋末年的永嘉之乱后，唐中叶安史之乱后，辽金南下侵扰，中原人口的南迁。人口的南迁不仅给南方地区带来了充足的劳动力，也带来了北方更先进的农业生产技术。气候的变迁，也是经济重心东南移的重要原因。南方地区气候逐渐温暖湿润，水网纵横，更有利于农业生产的发展，水利的兴修，也为发展农业生产创造了更好的条件。而北方地区气候转趋寒冷干燥，多风，降雨量不平均，人口的密集造成了极度的开垦，这些都带来了生态环境的破坏，水土流失日益严重。因此，气候、民族、人口、战争都促使经济重心向南方主要是长江中下游地区转移，长江中下游自唐中叶以后，成为经济发展最快、最发达的地区，也成为中央财政收入依靠的主要地区。

由于有了沟通南北的大运河，解决了物资运输的部分问题。从大运河走向的变化，也可以看到自隋朝以来历代政府力图解决三大重心分离造成的运输问题的努力。隋唐运河呈西北—东南、西南—东北"之"字形走向，中间由于淤塞而停运，继而元代运河的走向变为南北走向，河道也得到重新疏浚，运河继续发挥着连接南北的重要作用，标志着政治重心和经济重心转移的最后完成。大运河从西北—东南走向，变为南北走向，正是中原王朝政治、经济和文化三大重心格局变化的反映。唐安史之乱（公元755—763年）后，长江流域的发展已经明显超过黄河流域地区。史载：

"扬州富庶甲天下,时人称扬一益二。"[1]这一说法,正是经济重心向长江流域转移的真实写照。

西北既远离了政治中心,衰落已成为不可避免的趋势。隋唐时期,人口增长的特点,是南方人口增长的速度和人口数量逐渐超过了北方,城市人口的增长超过了农村,人口向城市集中的趋势极为明显。《太平广记》载:"时四方无事,广陵为歌钟之地,富商大贾,动逾百数。"[2]北宋以后,在耕地面积、人口数量、手工业、商业、工商业型城市和新兴市镇、海外贸易等方面,南方都全面超过了北方。

经济重心的南移成为历史发展的必然趋势,在长江流域及其以南取代了黄河流域成为全国的经济重心后,文化重心也随之发生了相应的转移。战国秦汉时期,三大重心,即经济、政治、军事,基本重合,主要集中在黄河流域,自东汉末年到唐中期经济重心逐渐向长江中下游转移,而政治和军事重心向东北方向

---

[1] 《资治通鉴》卷二五九"景福元年(公元892年)七月丙辰"条,第8430页。

[2] 〔宋〕李昉等编:《太平广记》卷二九〇《吕用之》,中华书局,1961年版,第2304页。

转移，两宋时期完成并巩固了这一历史过程。

经济重心的转移，影响了此后中国2000多年的历史。至今，这种格局还在影响和制约着中国社会经济的布局和发展。

（四）改变历史走向的安史之乱

唐中叶有一个重要的事件，改变了历史的走向，就是安史之乱。安史集团盘踞的地区相当于今天的北京、河北、山西北部再加辽宁南部，手握重权的安禄山和史思明发动了兵变，改变了唐朝的历史，是唐朝由盛而衰的转折点。"九重城阙烟尘生，千乘万骑西南行"[1]，唐玄宗带着身边的近臣和包括杨贵妃在内的宫嫔匆匆西行，准备逃到四川去，在路上发生了马嵬兵变，杨国忠被兵变士兵所杀，杨贵妃被缢杀身亡，唐玄宗继续向西，逃到了今天的四川。此后，唐朝的历史进入了藩镇割据的时期。

那么安史之乱爆发的原因是什么？是胡汉之间文

---

[1] 〔唐〕白居易：《长恨歌》，朱金城笺校《白居易集笺校》卷一二，上海古籍出版社，1988年，第660页。

化种族的冲突吗？（因为安禄山和史思明都是胡人）或是杨国忠和安禄山之间的矛盾引发的吗？这些都是原因。在杨国忠任宰相之前，当时的宰相是非常著名的李林甫，"口有蜜，腹有剑"[1]就是对他的形容，但主要是讽刺他对文学之士的态度。李林甫非常有政治才干，在他执政的时候，虽然排挤忠良，打击儒雅之士，但安禄山在李林甫当政的时候畏惧他的威严，是不敢动的，当时有监军制度，朝廷派宦官巡视地方上手握重兵的节度使，称"中使"。每次中央派出的中使到安禄山那儿，安禄山都要询问宰相对他有什么评价没有，如果宦官说，宰相说你最近表现不错，安禄山非常高兴，贿赂大批的金银财宝。如果宦官对安禄山说，宰相说了，你要好自为之，安禄山就会不自在，紧张得汗流浃背。李林甫死了以后，杨国忠继任宰相之位。杨国忠看到安禄山权力膨胀，养精蓄锐，不断地向朝廷提出各种要求，知道他要反，杨国忠采取了很多限制他和打击他的措施，甚至要采取削夺他权力的措施。安禄山很有心计，体胖，但跳起胡旋舞来捧着下坠的

---

[1]《资治通鉴》卷二一五"天宝元年（公元742年）三月"条，第6853页。

三、东北硝烟动地来

大肚子旋转如风。唐玄宗说你这么大的肚子里面都是什么呢？安禄山说：只有一颗赤诚的心。他甚至拜杨贵妃为母。安史之乱的爆发不仅仅是中央和藩镇矛盾引发的冲突，或汉族和胡族矛盾的问题，从更深层的角度考虑，是在大的格局发生变化的前提下，调整重心过程中的反映。

隋炀帝和唐太宗都是具有战略眼光的一代君主，他们看到了，要维持以中原为核心地区的王朝的长治久安，就必须要处理好来自北方民族的威胁。自汉武帝以后，统一时期的中原王朝对西北地区控制得比较好。西汉初期，对匈奴是居于守势，"南有大汉，北有强胡"[1]，当时起决定作用、在东北亚占有优势地位的是北方的匈奴，而不是南边的汉朝，草原民族的铁骑可以随时南下，"控弦之士三十余万"[2]。因此汉朝初年多采取和亲的办法，也曾经有几次反击的机会，但毕竟实力对比居于下风，甚至发生汉高祖刘邦被匈奴

---

[1] 〔东汉〕班固：《汉书》卷九四上《匈奴传》，中华书局，1962年，第3780页。

[2] 〔西汉〕司马迁：《史记》卷一一〇《匈奴列传》，中华书局，1982年，第2890页。

大军围困在白登山（今山西大同东北）的事件。但是汉武帝的时候情况发生了变化，经过从汉高祖到汉文帝（公元前180—前157年在位）几十年的恢复与发展，积蓄了足够的兵力和国力，打了三大战役，收复了河南之地（即河套以南地区），巩固了朔方战略要地，解除了匈奴对京师的威胁；驱逐和收降了盘踞在河西走廊的匈奴势力，建立了河西四镇（武威、酒泉、张掖、敦煌），打通了汉通往西域之路，达到了"断匈奴右臂"[1]的军事战略目的,为进一步开拓西域奠定了基础；最后动员数十万大军，派卫青和霍去病分头出击，寻求与匈奴主力决战，严重地削弱了匈奴的势力，造成了"是后匈奴远遁，而漠南无王庭"[2]的局面。汉武帝派张骞通使西域的主要目的是切断匈奴和西域各政权的联系。也就是说中原王朝主要的威胁并不来自西北，因为西北历史上从来没有形成过一个集中的强大的政治军事力量。这跟西北的地理条件有关。西北地区在绿洲农业基础上建立的绿洲政权，历史上不容易

---

[1]《史记》卷一二三《大宛列传》，第3168页。
[2]〔唐〕杜佑：《通典》卷一九四《边防十·匈奴上》，中华书局，1988年，第5317页。

三、东北硝烟动地来

形成一个集中的强大的政治军事力量。

匈奴想通过联合西域各政权,来包夹中原王朝,而汉武帝派张骞通使西域,也是试图联合西域政权,包夹匈奴,双方的战略目的都很明确。但是随着北方新兴起的草原民族的逐渐东移,东北方向民族的崛起,中原王朝的战略重心就必定要向东北转移。隋炀帝和唐太宗都看到了这样一个战略问题。西北地区通过汉武帝到唐初的经营,不断巩固和开拓,可控制的区域已经伸展到很远的葱岭以西咸海以东地区,对关中、对都城长安、对中原王朝的腹地已经构不成威胁,而成为需要继续开拓的根据地和战略要地。在这种形势下,东北就是关键。如果西北布局好了,再把东北也解决了,对蒙古高原就形成包夹之势,在东北亚就可以占有主动权。之所以任命安禄山、史思明这类的胡人将领镇守东北,也是因为他们能够控制东北的局面,而且距离政治中心远,悬在远方,于是安禄山、史思明野心也逐渐膨胀,趁机扩大他们的实力,形成了足以和中央抗衡的实力。我们联系着这样一个大的格局看唐中期发生的变化,就会有更广阔的视野,对安史之乱的爆发也就会有更深刻的把握。

（五）经济重心及其变化

我们再看经济重心的变化。中国在新石器时代，北方黄河流域和南方长江流域有两个重要的文化遗址，北方黄河流域是西安附近的以半坡村为代表的仰韶文化，浙江余姚也发现了与黄河流域仰韶文化平行发展的文化遗址，即浙江余姚河姆渡遗址，社会生产和社会组织发展水平与仰韶文化基本平行。因此，早期的文明，长江流域和黄河流域是平行发展的。但是后来黄河流域的发展明显超过了长江流域，原因是什么？这就牵扯到经济重心的转移问题。我们知道阶级分化，贫富分化，出现的前提就是有剩余劳动和剩余产品。早期的人类可以用木制、石制的工具对黄土高原进行开发。而且当时北方地区的黄河流域气候温暖，而南方地区长江流域气候条件和土壤条件不如黄河流域，南方过于潮湿，会影响人类身体健康，不利于生存。另外当时的南方地区河道纵横，土质比较紧，铁制工具普遍使用之前，不容易开垦和开发。什么时候长江流域的开发才逐渐赶上黄河流域呢？我们知道中国进

三、东北硝烟动地来

入阶级社会的进程和欧洲是不一样的，欧洲是在铁器时代，但是中国是在青铜器时期就进入了阶级社会。南方的开发在铁制工具出现以后，坚硬而紧密的土质，就不是阻碍人们开发和提高生产力的障碍了。南方的开发也有一个过程。隋唐以前，中国的政治、文化中心和重心都在北方，早期的中国发展的轴是以长安和洛阳为核心的东西轴，都城大都沿这个轴东西移动，来回漂移。什么时候南方才逐渐开始发展的？现在很多学者追溯到东汉，继之是三国吴的开发，再到两晋南北朝的东晋，南朝的宋齐梁陈，南方的优势就显现了。从东汉末开始长达数百年的战乱和割据战争，北方民族的南下，大的战场都在北方，像西晋末年的"永嘉之乱"，一片混战。中原地区的民众大批向南方迁徙，给南方带来了大量的劳动力，带来了北方先进的技术和工具。气候条件也发生了变化，北方逐渐变得干旱，水土大量流失，而南方气候温暖，雨量充沛，河道纵横，给生产的发展提供了有利条件。南方的生产发展起来了，经济重心就逐渐向南方转移。转移的过程可能历时几百年，到唐朝中叶安史之乱的爆发，基本就完成了这一过程，唐朝后期和北宋以后，就明朗化了。

隋炀帝开凿大运河，将东南经济富庶地区与北方政治军事中心连接起来，一条漕运线到开封，满足西北和中原政治中心地区的物资需要，这是传统的重心和中心；一条线从开封到今天的北京，当时称河北地区，为解决两个问题：一是将河北、山东地区的物资运往关中，二是河北地区是隋唐时期防御逐渐兴起的东北民族和控制开拓东北疆域的关键地区，是物资和军队运输调遣的重要通道。

中国唐朝以前的历史和格局是东西轴心，东西关系是最主要的关系，北方的政治和经济也是发展比较快和比较好的。随着政治重心和军事重心的东北移，随着经济重心的东南移，中国大陆的轴心就发生了变化，从东西方向变为南北方向。最重要的标志就是大运河走向的变化：将北方偏东北的政治军事中心和重心与南方偏东南的经济重心连接起来。

我们今天看到的京杭运河是南北走向的，从杭州直接通往北京，不是三角形了，实际上是中国发展的轴心发生了变化。宋人李格非撰写《洛阳名园记》，论及洛阳与天下的关系，"谓洛阳之盛衰，天下治乱之候也"，即洛阳盛而天下盛，洛阳衰而天下衰。但是

三、东北硝烟动地来

当中国的轴心从东西方向转向南北方向以后,洛阳的盛衰与天下就没有任何关系了。隋唐开凿运河的主要目的,是要把南方地区的物资转运到开封或洛阳,其根本目的是运到洛阳和长安,保证洛阳和长安的供应,因为当时的政治中心在长安,关中地狭,所产不足以供所需,必须靠河北、山西以及南方诸道物资的供应。通济渠这条线的军事意义更重要,是防御日益兴起的东北民族和稳定东北地区重要的措施,用于运送兵力,运送物资。说明北方草原民族的发展逐渐东移,以及逐渐兴起的东北民族,对中原王朝的威胁明显加大,为控制和开拓东北疆域,通济渠是关键的一条运输通道。政治重心之所以向东北移,是因为东北民族的兴起;经济重心向东南的转移,是因为长江流域经济的开发和社会的安定。运河之所以拐这么一个弯,那也是为了第一解决核心地区的供应问题和政治控制问题,第二解决东北地区的问题。所以唐太宗在总结隋亡原因的时候,总结了很多方面,但是唯独导致隋炀帝亡国的一个关键性教训他不接受。中学课本引用了晚唐诗人皮日休写的一首诗,诗中咏道:"尽道隋亡为此河,至今千里赖通波;若无水殿龙舟事,共禹论功不较多。"[1] 意思是，虽然大家都指责隋亡的原因是开凿大运河，但如果没有奢侈豪华的龙舟南巡，隋炀帝的功绩可与大禹媲美。我们可以回顾一下王薄起义。王薄及其追随者是揭开隋末农民起义的第一支力量。王薄号召大家起来造反，号称"知世郎"，创作了一首《无向辽东浪死歌》[2]，号召大家不要到辽东白白送死。隋炀帝末年，天怒人怨，内外皆叛，农民起义大爆发，再加上李渊这样的贵族军阀加入反隋的大军，最后导致隋朝灭亡。

政治重心向东北移，经济重心向东南移，轴心从东西向变为南北向，这是我们必须把握的中国历史发展的大趋势。

---

[1]〔唐〕皮日休：《汴河怀古二首》，〔清〕彭定求等编：《全唐诗》卷六一五，中华书局，1960年，第7099页。
[2]《资治通鉴》卷一八一"大业七年（公元611年）十二月"条，第5656页。

四、不收汝间架
——唐德宗时期不可逆转的财政体系变动之大趋势

唐中叶以后,政治格局、经济制度都发生很多变化。两税法的实施,将此前以"丁身为本"的征税原则,变为以土地、财产为征收主体的原则,成为具有里程碑意义的财税改革。

两税法的征收对象、征收内容,基本是以农村、农业、农民为主的征税制度。随着商品经济的发展,随着城市的发展,随着人口向大城市的集中,各种资源也向大城市集中,财富的来源,城市人口的比重、数量、财产结构都发生了很大变化,国家财政税收如何调整,实际上已经成为唐德宗(公元779—805年在位）时期面临的亟待解决的问题。唐德宗建中年间，出台了一系列新的财税征收与聚敛措施，包括"税间架"即房产税在内的一系列财税改革措施就是在这个大背景下出台的。这些新举措被当时人、后来者指斥为"暴敛"。不仅受到朝臣的反对，也受到商贾和城市居民的反对，"泾原兵变"的藩镇叛兵居然也以废除新举措为号召以赢取民心。新举措夭折了，但其中展现的多方争利的历史过程，以及财税征收向包括房产在内的不动产倾斜、向城市居民倾斜、以交易税和流通税为主的间接税加大的趋势值得重视。虽然德宗的财税新举措最终夭折，但我们却从中看到财税改革的大趋势已经显露，只不过还需要走过一段曲折而漫长的道路，才能落地。下面我们具体了解和分析唐德宗时期的财税改革新举措。

（一）新举措的缘由与内容

唐德宗时，因对藩镇用兵，"京师帑廪不支"，军费窘迫，于是出台了一系列新的税收措施，有已经推行的借商、僦质、税间架、算除陌，未能推行的置常

四、不收汝间架

平轻重本钱、行税茶法、白铜铸大钱等。[1]

唐德宗时,朱滔、王武俊、田悦等藩镇相继叛乱,朝廷连年用兵,财政窘迫,掌理财政的官员试图通过各种方式向城市居民、富人、商人、有产者进行征敛,甚至不惜开发新的税种。《旧唐书》卷一三五《卢杞传》详细记载了德宗建中年间自两税法后依次推出急敛暴征的财税新举措,以及遭到城市居民、商人、富户、甚至藩镇的抵制、反抗最后惨淡收场,推行者身败名裂的全过程:

> 河北、河南连兵不息,度支使杜佑计诸道用军月费一百余万贯,京师帑廪不支,数月且得五百万贯,可支半岁,则用兵济矣。杞乃以户部侍郎赵赞判度支。赞亦计无所施,乃与其党太常博士韦都宾等谋行括率,以为泉货所聚,在于富商,钱出万贯者,留万贯为业,有余,官借以给军。冀得五百万贯。上许之,约以罢兵后以公钱

---

[1] 张剑光:《简论唐代中期赵赞的理财》,《思想战线》1998年第3期。该文论述了增加的赋敛有几项并不是赵赞执掌财政时推行的,有的措施是在他上任前,有的是他继续施行而创建与他无关。

还。敕既下,京兆少尹韦祯督责颇峻,长安尉薛萃荷校乘车搜人财货,意其不实,即行搒棰。人不胜冤痛,或有自缢而死者,京师嚣然,如被贼盗。都计富户田宅奴婢等估才及八十八万贯。又以僦柜、纳质、积钱、货贮、粟麦等一切借四分之一,封其柜窖,长安为之罢市。百姓相率千万众,邀宰相于道诉之。杞初虽慰谕,后无以遏,即疾驱而归。计僦质与借商才二百万贯。德宗知下民流怨,诏皆罢之。然宿师在野,日须供馈。明年六月,赵赞又请税间架,算除陌。凡屋两架为一间,分为三等,上等每间二千,中等一千,下等五百。所由吏秉笔执筹入人第舍而计之,凡没一间杖六十,告者赏钱五十贯文。除陌法,天下公私给与贸易,率一贯旧算二十,益加算为五十,给与物或两换者,约钱为率算之。市主人、牙子各给印纸,人有买卖,随自署记,翌日,合算之。有自贸易不用市牙子者,验其私簿投状,自言其有,隐钱百,没入二千,杖六十;告者,赏钱十千,出于其家。法既行,主人、市牙得专其柄,率多隐盗,公家所入百不得半,怨黩之声嚣然,

四、不收汝间架

满于天下。及十月泾师犯阙,乱兵呼于市曰:'不夺汝商货僦质矣!不税汝间架除陌矣!'是时,人心愁怨,泾师乘间谋乱。奉天之奔播,职杞之由,故天下无贤不肖,视杞如仇。[1]

---

[1] 〔后晋〕刘昫:《旧唐书》卷一三五《卢杞传》,中华书局,1975年,第3715—3716页。《资治通鉴》卷二二七"建中三年(公元782年)四月"条已有详细记述,与《旧唐书》略有出入,迻录如下:"时两河用兵,月费百余万缗,府库不支数月。太常博士韦都宾、陈京建议,以为货利所聚皆在富商,请括富商,钱出万缗者,借其余以供军。计天下不过借一二千商,则数年之用足矣。上从之。甲子,诏借商人钱,令度支条上。判度支杜佑大索长安中商贾所有货,意其不实,辄加榜捶,人不胜苦,有缢死者。长安嚣然,如被寇盗。计所得才八十余万缗。又括僦柜质钱,凡蓄积钱帛粟麦者,皆借四分之一,封其柜窖,百姓为之罢市,相帅遮宰相马自诉以千万数。卢杞始慰谕之,势不可遏,乃疾驱自他道归。计并借商所得才二百万缗,人已竭矣。"考异曰:"《实录》:借商统计田宅奴婢等估才余八万贯,今从《旧》卢杞传。杞传又曰:杜佑计京师帑廪不支,数月且得五百万贯,可支半岁用,则兵济矣。于是户部侍郎判度支赵赞与韦都宾等谋行括借,约罢兵后以公钱还。敕既下,京兆少尹韦贞督责颇峻,长安尉薛萃荷校乘车搜人财货,计富户田宅奴婢等估才及八十八万贯,又借僦柜质钱共才及二百万贯。今从《实录》。"(第7325—7326页)张剑光、邹国慰认为,借商措施是在四月实行,而赵赞上任是在五月,相差41天,但推行后的残局是由赵赞来收拾,参见《简论唐中期赵赞的理财》,该文主要论证了增加的赋敛有几项并不是赵赞执掌财政时推行的,有的是在他上任之前就开始推行的。

"天下无贤不肖"都将财税新策的罪魁指向时任宰相、恶名远播的卢杞,户部侍郎判度支赵赞因提出建议和积极推行也牵涉其中。按《资治通鉴》的记述,最早提出借商建议的是太常博士韦都宾和陈京,杜佑时任判度支,遂积极推行,"大索长安商贾所有货,意其不实,辄加搒搰,人不胜苦,有缢死者。长安嚣然,如被寇盗。[1]"赵赞则属于后继者,与"宫市"齐名的"税间架"和"僦柜纳质"等都是他在任时提出和推行的,因此成为财税新举措推行失败的主要责任人。

对上述措施的历史评价可暂且搁置。对上述史料进行分析,财税新举措征收的内容和对象可归纳为以下几点:

一是借商,凡家财超过万贯之家,万贯以上部分都要"借"做军费;针对的是"泉货所聚"的富商大贾的家产。这项措施在肃宗时已实行过,并成为此后多次实行的临时救急举措。

二是"僦柜、纳质、积钱、货贮、粟麦等一切借四分之一";针对的是从事商业经营的主体和实物。

---

[1]《资治通鉴》卷二二七"建中三年(公元782年)四月"条,第7326页。

四、不收汝间架

能够经营和囤积的主要是富商大贾,也包括不少权贵。虽然也属于借商性质,但针对的主体有区别。

三是"税间架",即房产税,应该仅限于京师地区[1],针对所有房屋所有者。

四是"算除陌",属于交易税,涉及所有的商品买卖。

除了以上措施,赵赞主掌财政后,还陆续建议了以下几项财政新措施:

1. 建中元年(公元780年)请置常平轻重本钱——税商货及经济作物,是对运输途中的商货征收关津税。

《旧唐书》卷一二《德宗本纪上》载:"赵赞上言,请为两都、江陵、成都、扬、汴、苏、洪等州署常平轻重本钱,上至百万贯,下至十万贯,收贮斛斗匹段丝麻,候贵则下价出卖,贱则加估收籴,权轻重以利民。从之。赞乃于诸道津要置吏税商货,每贯税二十文,竹木茶漆皆什一税一,以充常平之本。时国用稍广,常赋不足,所税亦随时而尽,终不能为常平本。"

---

[1] 〔宋〕欧阳修、宋祁:《新唐书》卷一七〇《陆贽传》载:"凡京师税间架、榷酒、抽贯、贷商、点召之令,一切停之,则端本整棼之术,帝不纳。"(中华书局,1975年,第4913页)

结果——赵赞自认不妥未实行。

2. 置大田：建中"四年六月，判度支、户部侍郎赵赞请置大田。天下田计其顷亩，官收十分之一。择其上腴，树桑环之，曰：'公桑'。自王公至于匹庶，差借其力，得谷丝以给国用。诏从其说。赞熟计之，自以为非便，皆寝不下"[1]。

3. 白铜铸大钱，以一当十，弥补常赋不足。"(建中)四年六月，判度支侍郎赵赞以常赋不足用，乃请采郓州白铜铸大钱，以一当十，权其轻重。"[2]

以上所述三项措施，第一项征收对象是交易中的商货和有交易价值的经济作物；第二项征收对象是有田者，也就是根据占有的田亩征税。前两项德宗虽然首肯，但赵赞权衡利弊后，没有推行；第三项铸大钱的举措，肃宗乾元（公元758—760年）年间第五琦已经推行过，但不成功，反而受到贬黜远州的处罚[3]。赵赞这次铸大钱的评价和结局尚未见记载，但由于泾原兵变，赵赞很快卸任，估计并没有推行。

---

[1]〔宋〕王溥：《唐会要》卷八四《杂税》，中华书局，1955年，第1545页。
[2]《唐会要》卷八九《泉货》，第1628页。
[3]《旧唐书》卷一二三《第五琦传》，第3517页。

四、不收汝间架

上述共七项措施，并非都与赵赞有直接关系，有学者认为他只是充当了积极推行和收拾残局的角色[1]。但从已实行的四项举措和未推行的三项举措看，赵赞还是起了积极作用的。置常平本钱因"所税亦随时而尽"，置大田因"自以为非便"，铸大钱概因机不逢时都没有实际推行，那为何最受诟病的前四项就能强行推行呢？

德宗建中年间的一系列财政新措施，思路都是一脉相承的，下面重点分析前四项确实推行了的举措针对的对象及推行的原因，以期对社会财富的倾斜和政府财政税收的调整有更深入的思考。

上述举措在推行中，实际涉及的地区是有限的，主要在京畿地区[2]，但涉及的面非常宽泛。我们重点探讨的、切实推行的前四项举措几乎与所有的城市居民有关，不仅影响到商人正常的经营利润，也影响到普通市民的日常生活，更值得重视的是既得利益集团也

---

[1] 与财税新举措有关的人员，根据上述史料，依次出现了韦都宾、陈京、杜佑、卢杞、赵赞、韦贞、薛萃等，包括提建议者、决策者、具体执行者。

[2] 《新唐书》卷一七〇《陆贽传》，第4913页。

受到严重损害[1]。《资治通鉴》记载了,平叛后皇帝废止财税新举措,这引发的反应颇耐人寻味:"诸军诸道应赴奉天及进收京城将士,并赐名奉天定难功臣。其所加垫陌钱、税间架、竹、木、茶、漆、榷铁之类悉宜停罢。赦下,四方人心大悦。及上还长安,明年,李抱真入朝为上言,山东宣布赦书,士卒皆感泣。臣见

---

[1] 如,据《新唐书》卷一六八《陆贽传》,应仅是在京师地区推行。陆贽的《论关中事宜状》云:"(申请)其京城及畿县所税间架、榷酒、抽贯、贷商、点召等,诸如此类,一切停罢。"(《陆贽集》卷一一《奏草一》,中华书局,2006年,第351—352页)也明确指出是京畿地区。《资治通鉴》卷二二八"建中四年(公元783年)六月"条载:"庚戌,初行税间架、除陌钱法。时河东、泽潞、河阳、朔方四军屯魏县,神策、永平、宣武、淮南、浙西、荆南、江泗、沔鄂、湖南、黔中、剑南、岭南诸军环淮宁之境,旧制,诸道军出境,皆仰给度支,上优恤士卒,每出境加给酒肉,本道粮仍给其家,一人兼三人之给,故将士利之,各出军才逾境而止,月费钱百三十余万缗,常赋不能供。判度支赵赞乃奏行二法,所谓税间架者,每屋两架为间,上屋税钱二千,中税千,下税五百。吏执笔握算入人室庐计其数,或有宅屋多而无它资者,出钱动数百缗。敢匿一间,杖六十,赏告者五十缗。所谓除陌钱者,公私给与及卖买,每缗官留五十钱,给它物及相贸易者约钱为率,敢隐钱百,杖六十,罚钱二千,赏告者钱十缗。其赏钱皆出坐事之家。于是,愁怨之声盈于远近。"(第7346—7347页)《新唐书》卷二〇〇《儒学下·陈京传》:"赞曰:德宗敝政,税间架、借商钱、宫市为最甚。"(第5717页)

四、不收汝间架

人情如此,知贼不足平也。"[1]这里用了"四方人心大悦""士卒皆感泣""人情如此"等极致的言辞,乃至将这些举措与是否能平定叛贼紧密联系。

分析相关史料,得知了几条重要信息:

一是包括商人在内的富人,聚集了大量的财富,正所谓"泉货所聚在于富商",反映了社会财富向富室商贾聚集的趋势。

二是以工商业者为主的市民,用"自经""罢市""遮道""哭诉"等方式分层次、递进地表达了对这类"额外"的剥夺式的征敛不满及怨怼之情,并采取了有组织、上规模的有效抗争。

三是泾原兵变进入京城叛兵的喊话,表明如何维护商户和城市居民[2]的切身利益(主要是经济利益和生

---

[1] 《资治通鉴》卷二二九"兴元元年(公元784年)正月"条,第7392页。李抱真形容士卒闻赦书而如此感泣,显然不仅仅是对朝廷如此爱民而感泣,财税新举措与士卒本身的利益似乎也没有多大关系,但与以李抱真为代表的藩镇节帅的切身利益是否有关,值得探究。

[2] 在此用城市居民,而不用市民,是因为"市民"或"市人"的涵义在理解上可能会有局限性。姜伯勤在《从判文看唐代市籍制的终结》(《历史研究》1990年第3期)中,根据唐判文分析了唐代市籍制的衰落。唐长孺在《魏晋至唐官府作坊及官府工程的工匠》(载《魏晋南北朝史论丛续编》,生活·读书·新知三联书店,1959年,第29—92页)分析了唐代后期"坊市人户"向宋代"坊郭人户"的演变。

存质量）成为影响民心向背的关键问题。

于是，我们也看到了结果：

推行的借商、僦质、税间架、除陌等法，引起商贾、城居民众的"愁怨"，赵赞推行新举措是在建中四年六月，当年十月，即发生了"泾原兵变"。起因是李希烈在平定淮西吴元济之乱后，即联合淄青、成德等藩镇反唐，围困襄城（今河南），唐德宗只好征调各道兵驰援。泾原节度使姚令言所带士兵，冒雨寒而来，但没得到希望的赏赐，骤然哗变，叛兵占领京城长安，不仅冲进宫中抢夺垂涎已久的府库财物，居然还对因惧怕而四处奔逃的居民喊话："汝曹勿恐，不夺汝商货、僦质矣！不税汝间架、陌钱矣！"兵变最终被"勤王"的各路藩镇平定，德宗则在重臣陆贽反复劝谏和"勤王"有功藩帅的兵谏中，"于是，间架、除陌、竹木茶漆铁之税皆罢"[1]，还不得不将宠臣卢杞以及积极推行财税新举措的白志贞、赵赞等都贬到远州，宣告了仓促推出的财税新举措的夭折。

---

[1] 《新唐书》卷五二《食货志》，第 1353 页。《资治通鉴》未载，但记述了卢杞、白志珍、赵赞等被贬到远州的结局。

四、不收汝间架

（二）财政新举措与泾原兵变

如果以为财政新举措只是损害了商贾和城市普通居民的利益，那就无法解释泾原叛兵为何喊出"不夺汝商货、僦质矣！不税汝间架、陌钱矣"这般有指向、有深度的安抚与鼓动民众的口号，也不能完全解释清楚，为何在泾原兵变之后，在朝臣和藩帅的共同反对下新举措全被废止。

财税新举措出台的背景应该很清楚，财富向城市集中，是唐后期商品经济活跃和城市发展的重要特征，不仅表现在富商聚集了大量财富，也表现在前期延续和后期新崛起的权贵，这些"豪族""豪家"财富的膨胀和向京城的集中趋势几乎是同步的。由此回溯"为何最受诟病的前四项就能强行推行呢？"的问题，就有了可以推知的答案：四项措施针对的群体、经营活动、实物及房产主要集中在城市，而且征敛措施也是集中在长安推行，就地取财可达到"短平快"的效应。

在推行过程中，城市居民反应极其强烈，邀拦宰执、集体罢市，其幕后推手史料语焉不详，但至少是得到了坊市豪族、豪家的支持或默许,因为利益损害最大的就是他们。他们正是拥有豪宅、柜房,从事大批量交易活动,经营僦质,囤积财物,家产超万贯的主体,尤其是安史之乱后形成的军功集团,在短期内聚集了大量财富,成为京城"豪族"的重要组成部分。

(三)豪族与豪家是指哪些人

京城云集的"豪族""豪家"是指哪些人?拥有甲第、豪宅的是哪些人?如果仅仅关注富商大贾,也会发生认识上的偏差。其实还应该包括旧有和新兴的权贵。

荣新江先生归纳了唐代长安城内拥有甲第的几类人:1.皇亲国戚;2.武将功臣;3.新兴士人;4.传统士族;5.地方节帅;6.宦官中贵[1]。

上述几类人,安史之乱后,尤其是新崛起的军功贵族,向京城聚集和财富膨胀的速度,非他人所能及。《唐会要》卷八九《泉货》:"(元和十二年)时京师

---

[1] 参见《高楼对紫陌,甲第连青山——唐长安甲第及其象征意义》,《中华文史论丛》2009年第4期。

四、不收汝间架

里闾区肆所积多方镇钱,如王锷、韩弘、李惟简,少者不下五十万贯。于是竞买第屋以变其钱,多者听里巷佣僦以归其直,而高赀大贾者,多依倚左右军官钱为名,府县不得穷检,法竟不行。"[1]

上面列举的王锷,"迁广州刺史、御史大夫、岭南节度使。广人与夷人杂处,地征薄而丛求于川市。锷能计居人之业而榷其利,所得与两税相埒。锷以两税钱上供,时进及供奉外,余皆自入。西南大海中,诸国舶至,则尽没其利,由是锷家财富于公藏。日发十余艇,重以犀象珠贝,称商货而出诸境。周以岁时,循环不绝,凡八年。京师权门,多富锷之财"。[2] 韩弘,宣武军节度使,"镇大梁二十余载,四州征赋皆为己有,未尝上供。有私钱百万贯,粟三百万斛,马七千匹,兵械称是,专务聚财积粟"。后主动请留京师,才有所表示,"进绢三十五万匹,绌三万匹,银

---

[1] 《唐会要》卷八九《泉货》,第 1631 页。《旧唐书》卷四八《食货志》略同,第 2104 页。

[2] 《旧唐书》卷一五一《王锷传》,第 4060 页。

器二百七十件"[1]。李惟简，先为禁将军，后为凤翔节度使，因治理有方，又善于经营，"公私有余，贩者流及他方"[2]。

以节度使为首的有权势的军将在京师购置房产看来是普遍现象，给京城的房地产业、建筑业、消费市场等带来的影响是显而易见的。以军事权贵为代表的豪族向京师聚居的过程，也是在京城疯狂囤积钱币和竞买第宅的新贵。

其实，类似王锷、韩弘、李惟简这样的军将节帅还有很多，他们的财富可能来自任职地方，但在京师安家，购置有房产，甚至经营商业、金融业、房地产业等，《旧唐书》没有举出的例子还有很多：

如，马璘，"久将边军，属西蕃寇扰，国家倚为屏翰。

---

[1] 《旧唐书》卷一五六《韩弘传》，第4135—4136页。《新唐书》卷一五八《韩弘传》："献马三千，绢五十万，它锦彩三万，而汴之库既钱尚百余缗，绢亦百余万，马七千，粮三百万斛，兵械不可数。"（第4945页）《资治通鉴》卷二四一"元和十四年（819）七月戊寅"条："韩弘始入朝。上待之甚厚。弘献马三千，绢五千，杂缯三万，金银器千，而汴之库既尚有钱百余万缗，绢百余万匹，马七千匹，粮三百万斛。"（第7769页）所献数目各书记载不同。

[2] 《资治通鉴》卷二三八"元和六年（公元811年）五月庚子"条，第7684页。

四、不收汝间架

前后赐与无算，积聚家财，不知纪极。在京师治第舍，尤为宏侈。天宝中，贵戚勋家，已务奢靡，而垣屋犹存制度。然卫公李靖家庙，已为嬖臣杨氏马厩矣。及安、史大乱之后，法度隳弛，内臣戎帅，竞务奢豪，亭馆第舍，力穷乃止，时谓'木妖'。璘之第，经始中堂，费钱二十万贯，他室降等无几。及璘卒于军，子弟护丧归京师，士庶观其中堂，或假称故吏，争往赴吊者数十百人。德宗在东宫，宿闻其事，及践祚，条举格令，第舍不得逾制，仍诏毁璘中堂及内官刘忠翼之第，璘之家园，进属官司。"[1] 马璘曾于代宗（公元762—779年在位）大历十三年（公元766年）七月在长兴坊"作乾元观"，《长安志》记述云："璘初创是宅，重价募天下巧工营缮，屋宇宏丽，冠绝当时，璘临终献之。代宗以其当王城形胜之地，墙宇新洁，遂命为观，以追远之福，上资肃宗，加乾元观之名。"[2]

---

[1]《旧唐书》卷一五二《马璘传》，第4066—4067页。

[2]〔宋〕宋敏求：《长安志》卷七"长兴坊"条下引《代宗实录》，曰："大历十三年七月，以泾原节度使马璘宅作乾元观，道士四十九人。其地在皇城南长兴里。"（成文出版有限公司，1970年，第169页）长兴坊位于朱雀大街街东第一街，从北数第三坊，属繁华坊区，是高官显贵聚居区。

上述史料中点明的"贵戚勋家""内臣戎帅"正是京城房地产业繁荣发展的主要推手，拥有豪宅、甲第的主要群体，与德宗施行的财税新举措利害攸关。

再如，张光晟，泾原兵变的将领之一，京兆鳌屋人，应募入伍，代宗大历末累迁单于都护兼御史中丞振武军使，因劫杀回纥进京使者并掠夺财物和妇女，贬任睦王傅、太常卿等闲职，心怀不满，加入叛军。但叛乱平定后，李晟爱其才，并未惩处张光晟，而是"令归私第，表请特减其罪，每大宴会皆令就坐"[1]。张光晟的私第显然是在长安。他属于京畿地区本地人士，在上规模、频繁地以本地为招募对象的过程中[2]，因缘际会成长为军事新贵。

还有具有典型意义的如胡证，敬宗朝为岭南节度使，"广州有海舶之利，货贝狎至。（胡）证善蓄积，务华侈，厚自奉养，童奴数百，于京城修行里起第，连亘间巷。岭表奇货，道途不绝，京邑推为富家"。[3]胡证利用担任岭南节度使的机会，聚敛了大量财富，

---

[1]《旧唐书》卷一二七《张光晟传》，第3574页。

[2] 参见拙文《唐后期中央禁军的招募与扩编》（待刊稿）。

[3]《旧唐书》卷一六三《胡证传》，第4260页。

四、不收汝间架

用于在京城建造豪宅，还将岭南"奇货"源源不断运到京城的豪宅中。因积聚了巨额财富，也招致在"甘露之变"时，"禁军利其财"而破其家[1]。与潘将军有所不同，胡证是任职地方，而在京城修建豪宅，并将在地方任职时所获巨额财富转移到京城，成为京城富室。像潘将军或胡证这样的不在少数。

不见正史记载的潘将军，也具有代表性。《剧谈录》载："京国豪士潘将军，住光德坊[2]（注：忘其名，时人呼为潘鹘硉也）。本居襄汉间，常乘舟射利，因泊江壖。有僧乞食，留之数日，尽心檀施。僧谓潘曰：'观尔形质器度与众贾不同，至于妻孥以来皆享巨福。'因与玉

---

[1] 同上，云："证素与贾悚善，及李训事败，禁军利其财，称证子潋匿悚，乃破其家。一日之内，家财并尽。军人执潋入左军，仇士良命斩之以徇。"修行里（坊）位于长安城东南，朱雀门东第三街，自北向南第十坊。南城四坊本不是繁华坊里，但胡证起宅第时已是文宗太和年间。位于修行坊东北的昇道坊，据《太平广记》卷三四五《张庚》（引《续玄怪录》）载，南街仍很荒僻，"尽是墟墓，绝无人住"。（第2731页）据陈国灿先生考证，昇道坊东邻延兴门，门外有旅店，见陈国灿《从吐鲁番出土的"质库"看唐代的质库制度》，载《敦煌吐鲁番出土文献史事论集》，上海古籍出版社，2012年，第472—473页。

[2] 光德坊，位于长安城朱雀街西第三街，自北向南第六坊，东邻西市，北邻延寿坊。

念珠一穿[1]留赠,云:'宝之,不但通财,他后亦有官禄。'既而迁贸数年,藏镪巨万,遂均陶郑。其后职居左广,列第京师。"[2] 潘将军事迹不见正史记载,是否真有其人无法确定,但类似潘将军这样的因商致富,因富而致官禄,任职禁军,在京城置有宅第,"藏镪巨万"者不在少数,之所以称为"京国豪士",显然将庞大财富转移到了京师。

更值得重视的是晚唐崛起的王处存。王氏为京城富族,富贵互惠,成为京城世袭军事权贵家族。《旧唐书》本传叙述其家世及官历云:"京兆万年县胜业里人,世隶神策军,为京师富族,财产数百万。父宗自军校累至检校司空、金吾大将军、左街使遥领兴元节度。宗善兴利乘时贸易,由是富拟王者。仕宦因赀而贵,侯服玉食,僮奴万指。处存起家右军镇使,累至骁卫将军、左军巡使。乾符六年(公元879年)十月,检校刑部尚书、义武军节度使。"唐末黄巢起义军逼近京城,王处存"家在京师,世受国恩","自渭北亲选骁

---

[1] "穿",疑为"串"字。

[2] 〔唐〕康骈:《剧谈录》卷上《潘将军失珠》,古典文学出版社,1958年,第7—8页。还可见《太平广记》卷一九六《潘将军》,第1470页。

四、不收汝间架

卒五千,皆以白缯为号,夜入京城"[1],迫使起义军退兵。他对京城有血肉相连的感情,保卫京城是其义不容辞的责任,普通民众视王处存为"故人",可谓京城既得利益集团的典型代表。

张光晟、胡证、潘将军、王处存等,都是德宗以后出现的,如果德宗时推行的四项举措没有被废止,可以想见,这些囤积了大量钱财、通过各种方式拥有甲第豪宅、进行大量奢侈型消费、进行数额巨大的交易活动的新老豪族,其利益必然受到重大损害。王静在《唐长安城中的节度使宅第——中晚唐中央与方镇关系的一个侧面》[2]一文中列举了51位在长安城有宅第记载的方镇节帅,从玄宗时期的杨执一到僖宗时期的朱玫,当然实际数目远不止于此,包括叛军首领朱泚,在京城晋昌坊也有宅第[3]。文中也谈到地方财富向长安的流动,给我们提供了很好的线索。这些人都是财税新政的受损者。泾原叛兵喊出的"不夺汝商货、

---

[1] 《旧唐书》卷一八二《王处存传》,第4700页。

[2] 王静:《唐长安城中的节度使宅第——中晚唐中央与方镇关系的一个侧面》,《人文杂志》2006年第2期。

[3] 《旧唐书》卷二〇〇下《朱泚传》,第5386页。

傯质矣！不税汝间架陌钱",表面是安抚"狼狈骇走"的百姓,以笼络民心,背后反映了利益集团对财税新举措的抵制态度。

按照这一思路,才可以理解,兵变平定后,德宗被迫接受军功集团的代表人物提出的废除税间架、傯质等建议,并将卢杞、赵赞等贬至远州的深刻背景。

(四)寻租与争利

上述泾源叛兵的喊话和结局不过是朝廷与利益集团博弈的折射。可以说安史之乱以后的寻租,基本是两条线,一条线是京师地区以神策军为对象,商人富室采取影占、挂籍等方式隶属神策军,以取得特权,或直接获得官职。宣宗(公元846—859年在位)大中五年(公元851年),京兆尹韦博奏:"京畿富户为诸军影占"[1],是大家经常用到的材料。而官贵则加入"与人争利"的热潮。唐武宗(公元840—846年在位)会昌五年(公元845年)诏令:"如闻朝列衣冠,或代承

---

[1] 《旧唐书》卷一八《宣宗纪下》,第629页。

华胄,或在清途,私置质库楼店,与人争利。"[1]另一条线是地方藩镇,不仅亲自派遣部属经营,还通过假商人以牙职[2],利用他们的经营才能,以此获得巨额收入,并依靠雄厚经济实力在京师左右逢源、翻云覆雨。

林文勋先生认为中国古代的"富民"阶层,是在唐宋以来中国社会变迁中崛起的一个新的社会阶层,并据此提出"富民社会"的概念[3],对我们认识唐宋社会变迁很有启发。黄纯艳先生指出:"宋代以后,豪侠已无存在的根基,但富人不再是与国家相互争利的对立面,家富和国富在制度上达到了共同协调发展。两税法确立了以资定税的原则,以物力定户等,按资纳税和应役。商税制度和间接专卖制度的确立则实现了工商业领域国家与民分利共利的基本关系。不论是农业领域,还是工商业领域,民间财富的增长都不再意味着国家财富的流失,相反是为国聚财。这是国家与社会关系的巨大变革。总之,中唐和宋代以后从制度

---

[1] 〔宋〕李昉:《文苑英华》卷四二九《会昌五年正月三日南郊赦文》,中华书局,1966年,第2175页。

[2] 也包括支州支县等由藩镇控制的职任。

[3] 林文勋等著:《中国古代"富民"阶层研究》,云南大学出版社,2008年。

上解决了国家和民间在财富分配方面的矛盾。"[1]是否形成"分利共利"关系,见仁见智,但促使我们在更深层次和用更长远的眼光分析德宗时期财税新措施的推行及夭折。

唐朝还没有形成富人和国家"共利"[2]的格局,应该还处于国家与富民、官贵与富民、国家与权贵争利的阶段。寻租现象猖獗正是源于国家、藩镇、豪家、富民等多方争利的现实。从国家和皇权的层面,有皇帝私人"小金库"——大盈库、琼林库的设立[3],有以

---

[1] 林文勋:《"富民"阶层:解构唐宋以来中国社会发展与变迁的一把钥匙——〈中国古代"富民"阶层研究〉读后》,《中国经济史研究》2009年第1期。林文勋《中国古代"富民"阶层研究》指出"通观中国历史,从汉唐间的'豪民'到唐宋以来的'富民',再到近代以来的'市民',构成了一条'编户齐民'演变的清晰历史线索"(第13页),这种说法很有启发性,不过,对"富民"的定位,还有缺憾,将在拙文《从坊市豪家到富民阶层》(待刊稿)中展开探讨。

[2] 这种"共利"格局是带有理想化的。实际上,"共利"的理想局面经常被"争利"的现实需要打破。

[3] 《资治通鉴》卷二二九"兴元元年(公元784年)正月丙戌"条载:"上于行宫庑下贮诸道贡献之物,榜曰:琼林、大盈库。陆贽以为,战守之功赏赉未行而遽私别库,则士卒怨望,无复斗志。"(第7396页)

四、不收汝间架

征商、借商[1]为名实为掠商的举措,有税间架、僦柜、纳质、积钱、货贮、粟麦等针对不动产、动产等的"超前"税种,有加大力度的对流通税(关津、埭堰)、交易税(除陌)等的征收。从权贵和地方藩镇的层面,有如窦义和李晟这类的以土地换官职的官商交易[2],有安禄山的"分遣商胡诣诸道贩鬻"之举,"岁输珍货数百万"的丰厚获益[3],有昭义节度使刘从谏的榷马、榷商、卖铁、煮盐,用牙职与商人分利[4];从商人和豪族富室的

---

[1] 政府对商人带有掠夺性的强征,有学者追溯到汉武帝的算缗告缗令;有人主张,借商不能列入"税",属于赤裸裸的掠夺行为。德宗之后,借商行为并没有绝迹,"其后诸道节度使、观察使多率税商贾,以充军资杂用,或于津济要路及市肆闲交易之处,计钱至一千以上者,皆以分数税之"(《通典》卷一一《杂税》,第250页)。"率贷"未见偿还,"贷"已演变为"税",从临时举措,演变为常规制度。总之,政府要分商人之利,是此后财税调整和改革的趋势。"借商"是以商人及其所拥有的家产计征,强行推行,又没有偿还的保障,往往沦为变相的勒索。僦质、积钱、货贮,也属于借商举措,征收对象是从事金融业和货贮业的经营者,按照经营实物(商货)价值以借的名义征收十分之一。属于财产税的性质。
[2] 《太平广记》卷二四三《窦义》,第1875—1879页。
[3] 《资治通鉴》卷二一六"天宝十载(公元751年)二月"条,第6905页。
[4] 《资治通鉴》卷二四七"会昌三年(公元843年)四月"条载:"从谏榷马牧及商旅,岁入钱五万缗。又卖铁、煮盐,亦数万缗。大商皆假以牙职,使通好诸道,因为贩易。"(第7979页)

层面，有王元宝、邹凤炽[1]这样的结交权贵、示好士人的举动，有窦乂这样的大商人主动"出击"以保证利益最大化；更多的是京师地区采取挂籍神策军、影占军职，藩镇采取假以牙职的方式，以保证经济利益的实现。在多方的争夺下，商人和普通城市居民的经济利益受到侵犯时，往往只能采取激烈的方式进行抗争，如前所述的自杀、拦路、罢市、对保卫城市采取消极的态度等。国家、藩镇、富室豪族、商人争利的博弈中，政治和军事势力的强势介入，往往起了决定作用。因此形成分利与共利的局面还需要一定的历史条件和历史过程。

在争利的博弈过程中，可以看到以京城为典型的城市社会阶层正在逐渐发生变化。一是以城市为依托（主要是京城和大城市）商人群体的活跃，包括"富室""富民""豪族"等在内的城市居民，在与官府争利的过程中，形成了共同的利益诉求，通过各种方式表达自身的愿望，促使城市社会阶层和群体出现新的变动和整合。二是安史之乱后军功集团的崛起，有神策军将领，也有地方可与中央抗衡或朝廷倚重维持均

---

[1]《太平广记》卷四九五《邹凤炽》，第4062页。

四、不收汝间架

衡局面的雄藩强帅，向京城集中的趋势，以此获得更大的政治和经济利益，如果更多地重视如河北、淮西等强藩在地方上的强势与自大，而忽略了他们或他们的代表人物在京城地区的呼风唤雨、疯狂寻租的事实，就不能全面了解京城社会的变动。他们不仅始终关注京城的动向，参与京城的政治与经济活动，甚至影响和左右京城的情势。如李抱真在平定泾原兵变后对德宗的上言，逼迫德宗废止财税新举措，还不得不贬黜卢杞等宠臣。[1] 三是政府出台的新措施看似临时应急，

---

[1] 《旧唐书》卷一三二《李抱玉传》："李抱玉，武德功臣安兴贵之裔，代居河西，善养名马，为时所称。群从兄弟或徙居京华，习文儒，与士人通婚者，稍染士风。抱玉少长西州，好骑射，常从军幕，沉毅有谋，小心忠谨。乾元初，太尉李光弼引为偏裨，屡建勋绩，由是知名。"（第3645页）李抱真是李抱玉的从弟。安兴贵墓志见郭正一：《大唐故右威卫将军上柱国安府君墓志铭并序》，周绍良、赵超主编《唐代墓志汇编续集》，上海古籍出版社，2001年，第272页。安兴贵，其先居安国，从后魏安难陀开始世居凉州，为武威豪望。据《大唐故右威卫将军上柱国安府君墓志铭》载：其祖安弼，周朝服侯。父安罗，北周开府仪同三司，隋石州刺史，贵乡县开国公。安兴贵，隋末唐初在高祖李渊手下做官，唐王朝刚建立不久，即武德初，因帮助唐王平息当时割据凉州的河西大凉王李轨有功，而"诏兴贵为右武侯大将军，封凉国公，赐帛万段"（《新唐书》卷八六《李轨传》，第3711页）。李抱真是抱玉从父弟，李氏家族应该属于唐后期城市社会崛起的新兴群体，但其家族势力并没有延续很久。五代和北宋的局面又有所不同。

没有经过谨慎和认真的研究，以至酿成大乱，遭到市民乃至藩镇的联手抵制，其实，真实的情况是这些措施是针对财富聚敛的倾向而出台的。虽然舆论都指向卢杞和主掌财政的赵赞，尤其是赵赞，他提出和推行的一系列措施，是中央争利的代表，但在与富室、豪族和藩镇争利的过程中败下阵来，并和卢杞一起承担了引发天下怨黩之声和泾原兵变的罪责。

（五）新举措中的新趋势

德宗时期的财税新举措因为不合时宜受到朝野异口同声的谴责，既损害了商贾、城市居民的利益，也损害了既得利益集团的利益，半途夭折是必然的结果。

其所推行的四种举措，主要可归纳为两类：征收财产税和流通税——这不仅是唐代，也是此后历代财税发展的必然趋势。这是从陈寅恪、杨联陞、唐长孺、汪篯等老一辈学者乃至陈明光、吴丽娱、李锦绣、俞钢等[1]中青年学者在讨论唐朝财税制度改革和变化时，

---

[1] 上述学者的研究都涉及唐代财税问题，恕不一一列举。

四、不收汝间架

都注意到的问题。财税改革的新趋势,是与城市的发展同步的,很多措施也是针对城市和城市居民而制定和推行的,但讨论时与城市关联的因素往往被忽略,甚至没有注意到。[1]

唐德宗时期的财税改革在应急、掠夺式的强征中,引领了此后财税改革的潮流,但因不合时宜,没有渐进性的过渡,没有形成完善的制度,民众和官贵都没有心理准备等主客观因素,遭到激烈的抵制、反抗,是可以想见的,夭折也是必然的结局。但这些举措中体现的财税改革和调整的基本思路和原则,没有销声匿迹,而是在此后屡屡成为改革和调整的突破口,向包括房产在内的不动产倾斜、向城市居民倾斜、向财富和流通过程中的预期增值倾斜,以交易税和流通税

---

[1] 对唐中后期的财政改革,学者们主要关注在玄宗、代宗、宪宗时期,被冠以"理财家"名誉头衔者,如第五琦、刘晏、杨炎、李巽、裴垍等,而德宗时期的举措的建议和推行者如卢杞、赵赞(杜佑另当别论)等都是以强征暴敛的负面形象出现的。陈寅恪先生指出的"唐代之新财政制度"的"南朝化"问题,学者们的延伸讨论涉及资产定税、加大对工商的征税等,但对城市资产如何定税和征税,对德宗时期的财税新举措,都忽略而过。有关唐朝财政改革可参见胡戟等主编《二十世纪唐研究》"经济卷",中国社会科学出版社,2002年。遗憾的是上述著作仍然对德宗时期的财税举措没有论及。

为主的间接税加大,这些都成为财税征收的趋势,并在北宋最终成为国家规范的制度[1]。税收向大城市集中,向商业贸易发达的城市集中,是由唐到宋财税演变的特点之一[2]。这是推行者德宗、杜佑、卢杞、赵赞等都没有想到的,也是反对者陆贽等更想不到的。[3]

---

[1] 参见汪圣铎《两宋财政史》,中华书局,1995年;也可参见《文献通考》卷一四《征榷考一·征商关税》。宋代征收住税和过税,属于交易税和通过税性质,按规定,过税税率为2%,住税税率为3%,而实际征收中往往大于规定的税率,甚至能达到10%、30%。

[2] 如宋代的广州商税就呈现出大幅度增长,参见章深:《宋代广州商税大幅度增长的原因》,《学术研究》2011年第2期。他认为海外贸易和酒类的运输是商税增长的重要原因。

[3] 对德宗时期从杜佑到赵赞所推行和未行的财税新举措的逐一分析,将在另文中探讨。不少学者都讨论过"坊郭户"的问题,如张泽咸《唐代城市构成的特点》(《社科战线》1991年第2期)、郭正忠《唐宋时期城市居民的结构》(《史学月刊》1986年第2期)、王曾瑜《宋朝阶级结构》(增订版,中国人民大学出版社,2010年)等,有助于认识财税征收中向城市居民和不动产征收的比重逐渐加大趋势。

结　语

本书并没有对唐太宗到唐德宗的历史进行全面和清晰的梳理，而是从不同视角进行考察。

隋唐时期的世界与中国，是我们学习与研究隋唐史必须具有的视野；中古时期的社会阶层大变动，我认为是认识这一时期从统治阶级构成到制度变迁的关键问题；唐玄宗时期，我们不能仅仅局限于将这一时期看作是唐朝由盛而衰的转折点，还要从东北亚民族与政治格局的角度考察，这会使我们在研究中有新的发现；唐德宗的财税改革是我近年研究中感触较深的论题，只有更多地挖掘深层次的背景，从长时段思考那些可能是偶然的现象，才能把握历史的大趋势。

参考文献

古代文献（基本按成书时代排序）

[1]〔春秋战国〕左丘明著,杨伯峻注:《春秋左传注》,中华书局,1990年。

[2]〔战国〕韩非子著,陈奇猷校注:《韩非子新校注》,上海古籍出版社,2000年。

[3]〔汉〕司马迁:《史记》,中华书局,1982年。

[4]〔汉〕班固撰,〔唐〕颜师古注:《汉书》,中华书局,1962年。

[5]〔南朝宋〕范晔:《后汉书》,中华书局,1965年。

[6]〔南朝梁〕萧子显:《南齐书》,中华书局,1972年。

[7]〔隋〕颜之推撰,王利器集解:《颜氏家训集解》(增补本),中华书局,1993年。

［8］〔唐〕吴兢撰，谢保成集校：《贞观政要集校》，中华书局，2009年。

［9］〔唐〕刘悚：《隋唐嘉话》，中华书局，1979年。

［10］〔唐〕杜佑：《通典》，中华书局，1988年。

［11］〔唐〕韩愈著，刘真伦、岳珍校注：《韩愈文集汇校笺注》，中华书局，2010年。

［12］〔唐〕陆贽：《陆贽集》，中华书局，2006年。

［13］〔唐〕白居易撰，朱金城笺校：《白居易集笺校》，上海古籍出版社，1988年。

［14］〔唐〕康骈：《剧谈录》，古典文学出版社，1958年。

［15］〔后晋〕刘昫：《旧唐书》，中华书局，1975年。

［16］〔五代〕王定保：《唐摭言》，上海古籍出版社，1978年。

［17］〔宋〕王溥：《唐会要》中华书局，1955年。

［18］〔宋〕欧阳修、宋祁：《新唐书》，中华书局，1975年。

［19］〔宋〕李昉等编：《太平广记》，中华书局，1961年。

［20］〔宋〕李昉等编：《文苑英华》，中华书局，1966年。

［21］〔宋〕宋敏求：《长安志》，成文出版有限公司，1970年。

[22] 〔宋〕司马光:《资治通鉴》,中华书局,1956 年。

[23] 〔宋〕王谠撰,周勋初校证:《唐语林校证》,中华书局,1987 年。

[24] 〔宋〕阮阅:《诗话总龟前集》,人民文学出版社,1987 年。

[25] 〔宋〕陈耆卿:《赤城志》,中国文史出版社,2008 年。

[26] 〔宋〕郑樵:《通志二十略》,中华书局,1995 年。

[27] 〔宋〕马端临:《文献通考》,中华书局,2011 年。

[28] 〔清〕赵翼撰,曹光甫校注:《陔余丛考》,上海古籍出版社,2011 年。

[29] 〔清〕赵翼著,王树民校证:《廿二史札记校证》,中华书局,2013 年。

现代资料(按在书稿中出现顺序)

[1] 陈寅恪:《唐代政治史述论稿》,生活·读书·新知三联书店,1956 年。

[2] 何兹全:《中国古代社会》,北京师范大学出版社,2001 年。

[3]〔德〕马克思:《共产党宣言》,《马克思恩格斯选集》第1卷,人民出版社,1972年。

[4] 郑杭生:《当代中国城市社会结构现状与趋势》,中国人民大学出版社,2004年。

[5] 林文勋等著:《中国古代"富民"阶层研究》,云南大学出版社,2008年。

[6] 周绍良、赵超主编:《唐代墓志汇编续集》,上海古籍出版社,2001年。

[7] 胡戟等主编:《二十世纪唐研究》,中国社会科学出版社,2002年。

[8] 汪圣铎:《两宋财政史》,中华书局,1995年。

[9] 王曾瑜:《宋朝阶级结构》(增订版),中国人民大学出版社,2010年。

论文资料(按在书稿中出现顺序)

[1] 仇立平:《社会阶层理论:马克思和韦伯》,《上海大学学报》1997年第5期。

[2] 张剑光:《简论唐代中期赵赞的理财》,《思想战线》1998年第3期。

[3] 姜伯勤:《从判文看唐代市籍制的终结》,《历史研究》1990年第3期。

[4] 唐长孺:《魏晋至唐官府作坊及官府工程的工匠》,载《魏晋南北朝史论丛续编》,生活·读书·新知三联书店,1959年。

[5] 荣新江:《高楼对紫陌,甲第连青山——唐长安甲第及其象征意义》,《中华文史论丛》2009年第4期。

[6] 陈国灿:《从吐鲁番出土的"质库"看唐代的质库制度》,载《敦煌吐鲁番出土文献史事论集》,上海古籍出版社,2012年。

[7] 王静:《唐长安城中的节度使宅第——中晚唐中央与方镇关系的一个侧面》,《人文杂志》2006年第2期。

[8] 林文勋:《"富民"阶层:解构唐宋以来中国社会发展与变迁的一把钥匙——〈中国古代"富民"阶层研究〉读后》,《中国经济史研究》2009年第1期。

[9] 章深:《宋代广州商税大幅度增长的原因》,《学术研究》2011年第2期。

［10］ 张泽咸：《唐代城市构成的特点》，《社科战线》1991年第2期。
［11］ 郭正忠：《唐宋时期城市居民的结构》，《史学月刊》1986年第2期。

推荐阅读书目

［1］ 汪篯：《唐太宗与贞观之治》，求实出版社，1981年。
［2］ 孟宪实：《唐太宗》，广西师范大学出版社，2011年。
［3］ 任士英：《正说唐朝二十一帝》，中华书局，2005年。
［4］ 〔英〕崔瑞德（Twitchett Denis）、〔美〕费正清、〔英〕鲁惟（Loewe Michael）编：《剑桥中国隋唐史》，中国社会科学出版社，1990年。
［5］ 胡如雷：《唐史》，中国大百科全书出版社，2011年。
［6］ 黄永年：《唐史十二讲》，中华书局，2007年。
［7］ 吴宗国：《隋唐五代简史》，福建人民出版社，

2006年。
[8] 宁欣等:《唐史十二讲》,中国国际广播出版社,2009年。
[9] 阎守诚、宁欣主编:《中国大通史·隋唐五代卷》,学苑出版社,2018年。

本书作者相关论著

[1] 宁欣:《唐太宗的治国方略》,中共中央组织部干部教育局编:《干部大讲堂——中央和国家机关司局级干部研修课程选编》,党建读物出版社,2015年。
[2] 宁欣:《唐德宗财税新举措》,《历史研究》2016年第4期。
[3] 宁欣:《古代社会经济发展的特征与成就》,中国经济史编写编:《中国经济史》,高等教育出版社,2019年。

后 记

这本书是近年我对唐朝历史发展中几个关键节点和重要问题的心得,部分内容已经公开发表,这次进行了重新归纳和整合,也增补了一些新的研究体会。对涉及社会发展深层次的问题,今后还将进一步进行探索。

本书的参考资料部分比较简略,主要列举了本书引用的论著。

感谢北京师范大学历史学院推出"通古察今"系列丛书,感谢河南人民出版社及责编的辛勤付出,感谢黄图川博士对最初的文稿格式进行调整,感谢李明阳先生对全书的审读和校对,使本书避免了很多错、漏。